中国：大国的构建

［阿根廷］马豪恩 著
林　华译

五洲传播出版社
China Intercontinental Press

图书在版编目 (CIP) 数据

中国：大国的构建 / (阿根廷) 马豪恩著. -- 北京 :五洲传播出版社,
2023.1

ISBN 978-7-5085-4948-4

Ⅰ. ①中… Ⅱ. ①马… Ⅲ. ①社会发展 – 研究 – 中国 Ⅳ. ①D668

中国版本图书馆CIP数据核字(2022)第221570号

拉美专家看中国系列

出 版 人：关　宏
策　　划：孙新堂

中国：大国的构建

著　　者：马豪恩
翻　　译：林　华
责任编辑：姜　珊
装帧设计：紫苏文化
出版发行：五洲传播出版社
地　　址：北京市海淀区北三环中路 31 号生产力大楼 B 座 6 层
邮　　编：100088
发行电话：010-82005927　010-82007837
网　　址：http://www.cicc.org.cn　http://www.thatsbooks.com
印　　刷：北京市房山腾龙印刷厂
版　　次：2023 年 3 月第 1 版第 1 次印刷
开　　本：710 × 1000 mm　1/16
印　　张：13.5
字　　数：200 千
定　　价：80.00 元

目·录

自序

2010年的中国

2010年初，中国大陆与台湾开启了《经济合作框架协议》的新一轮谈判。这是同属于中华民族的两个政治体之间达成自由贸易协定的前兆。此举具有历史性意义，它标志着自1949年毛泽东领导的共产主义力量胜利后就一直存在的两个分裂的政体开始发生变化。

双方的接近始于2008年，由马英九领导的国民党重掌政权，提出以台湾海峡和平与稳定为重的主张。马英九的两岸政策基于以下三个原则："不独立""不统一"和"不使用武力"。其中第一个原则与北京在"台湾问题"上的态度是完全一致的，而对于后两个原则，中国政府的政策是"和平统一"与"和平发展"。

尽管取得了这些进展，但一个外部因素可能会对两岸关系产生不利的影响：中美关系。从2009年年末到2010年年初，中美两国在二氧化碳排放、反倾销关税、人民币低估、互联网审查、达赖喇嘛访美、对台军售等问题上展开了激烈的交锋。

中国的一些国际关系问题专家认为，美国（国际体系中的主角）与中国（正在崛起的角色）之间战略博弈的根源在于近十年中美国力量的下降和中国力量的上升。对于前者，美国方面的原因是：（1）深陷伊拉克和阿富汗战争的泥潭；（2）无法成功摆脱2008年以来经济危机的影响；（3）美国政府在乔治·布什的第二个总统任期内和奥巴马上任后的最初几个月里，表现得软弱无力，无论在内政还是外交上都缺乏明确的方向。而中国力量的上升则出于以下原因：（1）快速摆脱危机，恢复GDP增长率（2009年达到8.7%）；（2）获得了广泛的国际认可（除了在中、美两国集团和二十国集团中表现抢眼外，中国还积极参与维和行动）；（3）中国共产党的执政地位得到巩固（妥善处理了西藏和新疆地区暴乱、与台湾的对话、世界经济危机导致的社会抗议等问题）。

因此，一个日益强大的中国，已经准备好高调亮相于国际舞台，这必然招致美国在诸多问题上与中国的对立。本书意在就中国对外政策向何处发展这一问题做出解答。

序言

米格尔·A·贝耶索（Miguel A. Velloso）[1]

无论在阿根廷学术界，还是南美地区学术界，像马豪恩博士这样集高超学术智慧和严谨治学态度于一身的学者都不多见。能够在这一领域凭借个人的经验和对中文的驾驭，剖析亚洲国家国际政策复杂性、中国战略思想深刻性的人屈指可数。他既是大学教授，又是国际关系问题的学者，还是阿根廷重要智库（阿根廷国际关系理事会）的研究员。这些经验确立了他成为一名优秀观察家和研究者的地位。他的过人之处还在于懂得如何让他的学识更“接地气”，使之与中国为阿根廷这样的国家带来的机遇相结合，因为经济的互补性与对国际现实重大挑战的普遍认识密切相关。

1. 米格尔·A·贝耶索大使是职业律师和外交官。他曾在阿根廷驻拉美、西欧、东欧、非洲和亚洲国家使馆工作，并于2000—2008年任职于阿根廷共和国驻上海总领事馆和贸易促进中心。他是阿根廷国际关系理事会成员、中阿商会顾问，以及中国复旦大学和南京大学的教授和研究员。他曾多次参加阿根廷国内外大学组织的中拉关系研讨会。

《中国：大国的构建》一书是西语世界重要的学术贡献，无论从内容还是现实性来看都是如此。它将西方国家的人种中心说抛之脑后，从新的起点出发，引领我们踏上了一条探索“天朝帝国”地缘中心说的曲折之路。实际上，西方学术界最具争议性、最引人深思的话题之一就是搞清楚到底是西方的价值观正在向中国渗透，还是恰恰相反，一个以金字塔型文化孕育出的价值观为基础的国际新秩序正在形成。毫无疑问的是，中国在国际舞台日趋强大的影响力必将有助于21世纪新典范的形成。而像马豪恩博士呈现给读者的这样一部以如此全面的视角剖析其根源的西班牙语著作简直是凤毛麟角。

西语世界的研究者中，很少有人能像本书的作者那样，对中国根植于帝国时期的复杂政治进程进行深入的研究，从中总结新的教训和结论，以阐明中国对外政策和国际安全政策的架构。

马豪恩博士进行的资料和文献研究是一项值得称颂的功绩，它们是普通学者难以接触到的来自中国的一手信息，需要进行海量的翻译。正是得益于此，作者为我们展示了应如何判断中国的地缘战略定位：欲做“大国”，但无意成为超级大国。

根据对中国战略思维的分析而进行的判断展现了全新的视角，这要求作者获得强大而缜密的文献支持。因此，本书的研究提供了大量的连各领域的当代亚洲问题专家都知之甚少的论据，因为他们无法直接获取这些材料。作者对中国内部复杂而细致的决策进程进行了探究，对权力结构中不同主角在国家治理中的作用给予了解析。这不仅仅是对进程的描述，而是把进程作为对未来前景进行精准假设的支持平台，特别是在由“美国治下的和平”向带有强烈亚洲色彩的多极化转变的时代即将发生的事件。

耐人回味的是，马豪恩博士没有采用西方国家试图对中国的世界观问题加以解释的理论，而是引导我们从一种基于中国千年文化特性的务实性视角来看待这一问题，在这种视角下，未来就是变幻莫测的代名词。“汉人”通常所说的“不切实际的理论是空洞无味的”“识时务者为俊杰”使我们领略到一种以永恒的变革为特征的世界观，这也构成了中国人的精神支柱。

在我看来，作者对“中国现实主义”起源的分析是恰如其分的，它源自周恩来提出的和平共处五项原则，后来又被邓小平沿用。这一政治导向将和谐作为策略，主张避免冲突，谋求建立更为公正的政治和经济秩序，但同时又不放弃自我扩张。马豪恩博士关于文化对中国外交思想形成起决定性作用的分析也是一语中的，因为“大国思想”在其中处处可见，中国试图通过“软实力”向其他国家证明其优越之处。很显然，从以上分析可以推断，时间对于中国设想的实现是极其有利的。

在中国的世界观中，其领导者完全将地缘战略核心作为历史使命。这种世界观构成了当代中国政治思想及其走向的关键因素之一。中国强调历史上曾通过贸易、进贡、文化融合等非暴力手段为人类福祉所做出的贡献，但也没有忘记曾经遭受的欺凌和屈辱（鸦片战争以及为摆脱殖民主义桎梏所付出的社会代价，都深深地烙刻在中国领导集体的记忆中）。这使得中国的战略家们总是对难以控制的对外开放忧心重重，因此追求物质上的自给自足和国内安全成为了改革的首要任务。

本书引导我们去思考西方列强的逐渐没落和多边主义的快速崛起如何推动中国领导人在世界舞台发挥更大的主角作用。似乎只有中国为克服内部的种种欠发达所面临的巨大挑战才可能阻止势不可挡的潮流。毫无疑问，正如作者所言，中国已经意识到，在保持持续增长的前提下，其综合国力将在未来数十年中超越美国，这是实现其国内稳定的重要保障。中国正蓄势待发，以退为进，着眼于影响力的持久提升。但同时也在努力实现信息公开，提高透明度，例如在《国防白皮书》中，它没有渲染自然扩张的使命，而是消除疑虑，重申尊重和平共处五项原则的承诺。

在这个相互依存度日益提升的世界里，中国已经成为新兴大国，为实现国家利益，它追寻着自己的目标。由于自身经济和军事实力的特殊，相比于多边谈判，它更看重双边谈判。在地区范围内，中国在安全、反恐、核扩散等敏感问题上的表态和行动被视为一种制衡的、负责任的和适度的干预。同时，中国也表现出退让的姿态，尽管华盛顿常常为掣制中国而在日美安全同盟、为台湾提供保护、支持西藏自治（甚至独立）等问题上制造麻烦，但中国仍避免做出与美国外交战略相冲突的举动。另外，中国在非洲和拉美的地缘经济扩张也素来小心谨慎，既无冲突也不讲条件，且以互利为基础。

总而言之，马豪恩博士的这部著作绝非普通分析家的平庸之作所能比拟，这是一部理解所谓以儒家文化为基础的"中国现实主义"的必读之作。从中我们将了解这个即将在国际战略问题上具备影响力的新兴大国将如何前行，成为"全球参与者"。我们亲历了一个强国的诞生（或称之为"大国"更为贴切），它将创造新的挑战和机遇。剖析它的行为准则，已变得不可或缺，而这正是马豪恩博士的这部扛鼎之作所要告诉我们的。

布宜诺斯艾利斯，2010年5月

引言

运用国际关系理论来分析中国的对外政策被视为无果的劳动，因为这个国家被贴上的特定标签决定了它无法与适用于大多数国家的理论相匹配。但是，尽管与众不同，中国在数百年中一直是国际体系的主角，因此，与其他国家一样，它也要受到内生动力的支配。将中国视为异己，并将其阻挡于人类所处的历史、政治和经济环境之外，无异于剔除了国际问题分析中的关键因素，特别是当我们着重分析20世纪末到21世纪初的中国对外政策时更是如此。

虽然我对这个课题倾注的心血（将近30年时间）使我成为一个怀有“中国情结”的人，但出于严谨治学的目的，我认为从最宽阔的理论视角分析这一问题仍是正确的选择。这一分析旨在找出哪些特殊的资源、进程和推动因素对中国在国际舞台上的表现产生了影响。但是，运用国际关系理论来探讨中国的对外政策并不是一项简单的任务，因为国际体系中对外交政策起作用的推动力和控制力不是永恒不变的。

在相对稳定的时代，理论的多样性（每种都试图对国际变化做出解释）一旦与大量的实证进行比较研究时，就会产生对中国对外政策分析的繁杂性。因此，最终摆在分析家面前的既有中国自己的理论也有国际关系的现成理论。[Rosenau, 1996, pp. 524-527]

关于中国是如何在冷战后的国际体系中施加影响力的研究既是一项学术挑战，又不失为一种激励。因为这项任务艰巨而复杂，命题能否成立也有待论证。19世纪以来，中国一直是国家共同体中的重要一员（主要源于其广阔的疆土、庞大的人口和丰富的自然资源），但从1978年开始，中国就成为了亚洲乃至全世界鹤立鸡群的主角。正是在这一年，邓小平发起的经济改革引领中国驶入了一条将潜力转化为实力的快车道。

中国毗临东北亚、东南亚、南亚和中亚，与俄罗斯接壤，这样的地理位置使其成为能够影响美国这个西半球超级大国地区利益和全球利益的地缘战略主角。中国凭借其惊人的经济增长和在国际政治事务中的广泛参与而在亚洲以外地区（欧洲、非洲和拉美）确立的影响力进一步强化了这一形象。中国的GDP在不到20年时间里累计增长了近20倍。因此可以预见，如果保持平均

7%—9% 的增长水平，中国经济总量在未来的 20 年里将超过美国。[Wolf y otros, 1995, pp. 106-107]

经济改革和对外开放政策的成功还带来了军事力量的现代化，其结果是军人职业化明显增强，核能力、海空力量、实施信息战和空间战的能力显著提高，这些对于美国及其亚洲盟友的安全都构成了直接的威胁。[Swaine, 1998, p. 8]

此外，还有一些文化和历史因素值得关注，因为它们对中国战略思想和对外政策的设计产生了重要影响。在历史上几乎所有的朝代中，中国都是东亚地区的政治、经济、文化和军事强国。这种主导地位使普通百姓和统治阶层都深信中国处于整个地区的中心地位。随着中国实力的提升，中国领导人重建某种领导地位的意愿就不难理解了。从鸦片战争到 1949 年中华人民共和国建立，西方国家和日本对中国的欺凌和压迫至今令中国人难以忘怀，这进一步激发了中国对受人尊重、在国际舞台享有一席之地的渴望。[Garver, 1993, pp. 2-9]

中国自我扩张的进程之所以重要，是因为这意味着一个有着最古老文明的国家开始进行内部改革和对外开放，是因为一旦它取得了成功，就会对世界权力的分配产生深刻的影响。这种改变说明，存在于国际体系主角之间的权力关系将发生根本性的变化，[2]正因为如此，对“中国将向何处去”这一问题的解答就显得尤为重要了。[3]本书试图对上述问题进行分析，将研究时段确定为中期，即2015—2020年。前提条件是中国希望成为冷战后国际体系中的主角。主要议题是中国谋求在中期内成为东亚次体系中的主导者。论证将以中国战略思想的分析为基础，重点关注中国作为一党制国家，支配国家命运的“政治阶级”掌握着国家总体战略的构想。

对中国战略思想的判断将为我们搞清中国将向何处去提供重要的依据，这是本书在国际关系领域的第一个贡献，因为拉美国家相关问题的著作相对缺乏，而国际关系又是政治学的重要学科。谈到这一问题时，很有必要提及两位对西方主流学派颇有研究的中国国际关系问题专家的论断：

“……似乎中国领导人对世界的看法还是一个谜团。时至今日，这方面并没有高质量的、系统的成果。”[Hao Yufan y Huan Guocang, 1989, p. 15]

在即将呈现给读者的这部著作中，主要采用的是

---

2. 某些理论家甚至宣称国际形势变化将导致在某个或某些维护现存秩序的国家与某个或某些试图挑战现状的国家之间发生“世界范围的战争”。[Thompson, 1988, p. 39]

3. 有关这方面的论述，谨向读者推荐一部富有启发性的著作：Kim,1994.

中国的文献材料，其中大部分发表于20世纪90年代初到21世纪初。这是因为，了解中国的领导人及其智囊团在下述国际问题上的观点是十分重要的：（1）当前国际体系的现状；（2）中国所处的地位；（3）这种体系赋予或应该赋予中国的责任。

仅仅以西方文献作为参考是本书竭力避免的做法，即不将他人对中国的“说三道四”作为依据（但这在拉美对亚洲的研究中是很普遍的做法），这是本书在国际关系领域的第二个重要贡献。

对中国战略思想的讨论将从国际关系现实主义的观点出发，这意味着国家（保障国内外安全的政治机关）被视为主角，同时还要考虑强权政治的前景[Morgenthau y Thompson, 1985; Wight, 1966]。为了全面了解中国的战略思想，本书将从历史沿革、概念含义及理论学说三个方面进行分析，以期展现中国的中期未来，并得出一系列结论，其中包括对假设条件的回答。

之所以选择历史、概念和理论这三个角度，是因为我认为它们是确立整个国家战略思想的首要因素，从中又可以派生出官僚、军事、经济和国际等视角。而且从这三个角度可以挖掘出内在的构造，最终明确中国战略思想的内含。值得一提的是，中国战略思想并非体现在某份官方文件中，而是一系列概念的集合（出现在报纸、杂志、学术成果、政府文件中），共同描绘出了中国对外关系的发展方向。

最后需要指出的是，为了使本著作更具有科学性，书中的分析尽量不对中国领导人的意图做价值观上的评判。

第一章 概念框架

第一节 中国对外政策的预测和研究

在从事区域研究的理论通才和专才之间存在分歧，因为两者相互质疑对方的严谨性，且都坚持自己的研究风格。在国际关系领域，存在着一种依靠汉学中的经典语录来研究中国对外政策的风气。[1] 在系统性地研究中国对外政策行动时，中国常常被当作一个无关紧要的国际角色来对待（和其他角色没有任何差别）。虽然无法判

1. 指对“中国各个领域”进行研究的学科。

定哪种方法能够更好地满足对中国国际行动进行研究的学术需要，但评估理论是否有用的方法之一就是在做出预测时检验其实用性。

进行预测是政府部门中从事区域研究或专题研究的分析师们必做的工作。他们要根据现有信息来判断某一角色在某一真实的或假设的场景下如何行动或应对。分析师做出的报告应快速、准确而简明扼要地呈交给决策者。在这种情况下，理论可能因为针对“宏观问题”而显得不合时宜，因为预测通常聚焦于“微观问题”。

理论旨在对特定类型的长期行为加以解释，而预测则是提前判断某一角色在某种环境下如何行动。虽然预测被视为不科学的做法，但国际关系理论也不应该仅限于进行“马后炮”似的解释。正如肯尼思·华尔兹（Kenneth Waltz）[2] 所言：

“国家的行动及其后果既是可解释的，也是可预测的。”[Waltz, 1979, p. 80]

同时，政府部门的分析师们应该更多地借助于理论来减少预测中的可能性数量，以提高预测的准确程度。

为了从战略思想分析的角度来了解中国在冷战后的国际体系中所处的地位，对中国对外政策未来走向的思考要通过预后而非预测来进行。正如纳斯丽·乔克利

2. 肯尼思·华尔兹，美国著名国际关系理论家，著有《人、国家与战争》。——译注

（Nazli Choucri）[3] 所言："预测一般基于准确的事实，而预后是基于不同的选择性。预测重在结果，而预后重在可能性。"[Choucri, 1975, p. 12]

因此，这种研究视角有助于我们更好地理解中国对外政策的发展，因为它明确了为应对特定国际问题或目标的对外政策的诸多选择性。同时，根据中国对外政策史周期性模式以及已知变量（例如领导人和智囊团关于中国将向何处前进的讲话）的判断而进行的预后，能够为应急预案的设计提供一种无法用价值来衡量的工具。

通常存在着两种预后：一种称为"探索性预后"，旨在推断出不同的替代趋势；另一种称为"规范性预后"，主要是基于对可能情况的认定。萨缪尔·金（Samuel Kim）[4] 曾断言，中国对外政策的舞台最有可能出现在"关注对外开放各种变化的时候，因为后毛泽东时代的中国对外行动已经变得更加多边化、制度化、务实和顺应国际环境"[Kim, 1989, pp.23-26]。这些特点奠定了中国对外政策"传承性"的基础，至少起到了防止剧烈变动的作用。邓小平确立的"和平与发展"的方针 [Deng, 1984, p. 255] 是中国外交工作贯彻的原则，在中国对外政策长期多变的历史上开创了持久稳定的先河。

---

3. 纳斯丽·乔克利，美国麻省理工大学政治学教授，主要研究领域为国际关系，著有《国际关系中的网络政治》等。——译注

4. 萨缪尔·金，美籍韩裔学者，美国哥伦比亚大学教授，主要研究韩国对外关系和中国外交政策。——译注

西方国家的中国对外政策研究[5]揭示了其方向多变、不重积累、不可比拟、缺乏理论的发展特点。之所以得出这样的结论，是因为大量证据可以证明中国外交行动的传承或变化，这些构成了中国外交根深蒂固的范式。有关“传承还是改变”的讨论集中在权衡传统与现代各占多少比重的问题上，这一讨论产生了两种不同的学派：一种主张“传承”或所谓的中国式奇葩，它强调的是中国行动的独特性和不可捉摸；另一种则主张“非传承”或具有革命性，认为传统中国自有的准则已经在“新中国时期”被摧毁了 [Kim, 1989, pp. 3-6]。

在有关传承与改变的争论中，出现了三种截然不同的观点：托马斯•罗宾逊（Thomas Robinson）认为“政治方向的总路线一经采用，持续时间不会超过 5 年”，他同时还指出“变化不仅是司空见惯的，而且是天翻地覆的，会从结盟主义变成孤立主义，也会从干涉主义变成回归原有的同盟”[Robinson,1982, p. 134]。然而迈克尔•厄—奎恩（Michael Ng-Quinn）却看法相左，他认为“中国的对外政策自第二次世界大战结束以来就牢不可破，即使领导人变更也不影响其延续性”[Ng-Quinn, 1983, p. 204]。

第三种观点的代表人物是何汉理（Harry Harding）[6]，

5. 笔者加入这一研究领域是出于文化归属感和所受教育。

6. 何汉理，美国著名的中国问题专家，曾担任克林顿内阁的特别国家安全顾问，著有《脆弱的关系：1972 年以来的美国和中国》。——译注他认为“保持相对稳定的是中国对外政策的基本原则，即基本概念、总体目标和风格，而发生改变的是应对特定情况或处理与某些国家关系时的具体政策” [Harding, 1983, pp. 18-19]。尽管何汉理的观点属于骑墙派，但笔者仍对此表示认同，原因在于这一非排斥性的视角优于前两种观点。由于本书将国家视为核心角色来看待，因此分析重点也将包括前面提到的观点。

第二节 中国的国际关系理论

分析中国战略思想的目的是明确中国在冷战结束后的国际体系中发挥的作用，据此我认为对现存的理论概念、中国国际问题研究的历史沿革、中国外交史，以及中国关于国际关系的固有观点进行研究都是必不可少的。

为了解中国的理论概念，首先要从“学以致用”这句至理名言谈起。它的意思是“学习的目的在于应用”。在中国，自古以来理论与学说或思想就没有多大区别，通常它是指被用来作为行动准则的一整套方案 [Wang Jisi,1995a, p. 482]。因此，中国对理论的认识与其说是为了解释现实，倒不如说是为了实践。

1949 年中华人民共和国成立后，在列宁主义和“毛泽东思想”的影响下，所有的社会科学理论都要服务于社会主义建设。因此，所有的社会科学理论都是通过实践来检验，并在实践中形成的，其价值在于能够指导人的行为。

在对外政策研究领域，那些无法付诸实施的理论被视为“空洞无味”，也就是汉语中所谓的“空说”（即毫无用处）。因此，国际关系的某个理论并不是用来观察国际问题的棱镜，而是对外政策的指导。更有甚者，由于中国的国际关系理论就是外交行动的准则，所以有时不会予以公开。当遭遇敏感事件时，这一点尤为明显，并因此受到政府的限制 [Wang Jisi, 1995a, p. 483]。

面对这种情况，学者们应花点功夫搞清楚哪些国际关系问题的研究机构隶属于政府机关，并尽可能接触到其专家和（或）出版物。

下面要对中国国际问题研究的兴起进行一番梳理。1949 年中华人民共和国建立后，地处北京的中国人民大学就设立了一个国际问题研究室（国外室），后在 1955 年改制为系。1963 年，北京大学和复旦大学设立了国际政治研究室（国际政治学）。当时，中国共产党下属的出版社开始将尼古拉斯・斯皮克曼（Nicholas Spykman）、亨利・基辛格（Henry Kissinger）、乔治・凯南（George Kennan）以及赫尔曼・卡恩（Herman Kahn）等人的著作翻译成中文并出版 [Song Xinning, 2001, p. 62]。

那个时代的中国还没有形成自己的国际关系理论，只是将马克思、恩格斯、斯大林、毛泽东等人关于国际形势的看法加以诠释。当时流行的国际政治著作是《列宁斯大林论中国》（北京，1953）、《斯大林论战后国际关系》（北京，1954）、《毛泽东同志关于国际问题的语录》（北京，1958）、《马克思恩格斯论殖民主义》（北京，1962）、《斯大林论国际形势和苏联对外政策》（北京，1964）[Song Xinning,2001, p. 63]。简而言之，中国大学开设的国际关系课程主要是解释马克思关于帝国主义、殖民主义、战争与和平的理论。

在中国，国际关系作为一门学科而得到巩固的时代远远晚于西方国家。从 20 世纪 80 年代中期起，也就是邓小平发起的改革开放政策实施几年后，学术界才开始享受稳定发展带来的好处：关闭数年之久的学术机构重新开放、学术自由的氛围、外国专家来华授课、引进大量国外著作。

关于国际关系理论自身议题的大讨论始于 1985 年。当时的“中国国际关系史学会”举办了一次旨在“研究马克思列宁主义在国际关系理论上的遗产”，并“建立中国国际问题研究理论框架”的研讨会。[7] 同年，中共中央发布了一系列关于教育改革的指示，其中包括在所有高等院校开设“世界政治经济与国际关系”的必修课程。此后，为完善与课程配套的参考书目，近百种新读物陆续面市，其中一些广为人知，如杜厚文主编的《当代世界经济与政治》和冯特君主编的《当代世界政治经济与国际关系》。

7. 此次研讨会的结论参见中国国际关系史学会，《国际关系史论文集》，第 3 卷，1986。

1989年6月的天安门事件发生后，中国社会科学的多数研究领域在官方发起的“反对自由主义”运动中出现波动。尽管如此，国际关系领域受到的影响较小，或许是因为比起西方国家的“和平演变”战略来说，当局对遭到孤立的担心更大一些。[8]

中国的国际关系理论认为中国的外交史按照主题可划分为四个发展阶段，其特点在于存在着对外政策的特定领导方针：20世纪50年代主张“两个阵营”思想，60年代进入到“反对两大帝国主义”阶段，70年代坚信“三个世界”，80年代以后则以“和平与发展”为主线 [Dangdai Zhongguo Waijiao, 1987, p.2]。

第一阶段，即从1949年中华人民共和国成立到20世纪50年代末，中国对外政策的特点是与苏联结盟。这个时期，毛泽东提出了“三个战略决策”：（1）“另起炉灶”（即不承认国民党政府建立的外交关系，在新的基础上重建与相关国家的关系）；（2）“打扫干净屋子再请客”（即在没有彻底肃清国内的帝国主义势力之前不急于建立外交关系）；（3）“一边倒”（即与苏联领导的社会主义阵营结盟）[Dangdai Zhongguo Waijiao, 1987, pp. 3-5]。

关于第二阶段，值得一提的是中国国内自20世纪50年代末期起开始试图脱离苏联模式，强调自力更生。北京和莫斯科在数年中相互质疑，相互指责，同盟关系破裂，甚至在

8.“和平演变”在中国被视为西方国家试图破坏中国共产党的权力基础和国家的文化根基而实施的长期战略。

10 年后发生了武装冲突。[9] 中国领导人和外交机构称苏联为“修正主义者”和“社会主义中的帝国主义者”，但同时保持对美国的敌视 [Dangdai Zhongguo Waijiao, 1987, pp. 7-9]。

20 世纪 70 年代初期，中国的国际立场和理论基础开始发生变化。在理查德·尼克松（Richard Nixon）于 1972 年 2 月访华之后，[10] 中国开始减弱对美国的抨击，改善与西方阵营的关系，并着手建立与亚洲、非洲和拉丁美洲的正式关系。与此同时，苏联被视为安全的主要威胁，为此北京推动建立了反“苏联霸权主义”统一阵线。这一新动向的最典型标志是邓小平在 1974 年 4 月召开的联合国大会上发表的演讲。

20 世纪 80 年代，中国政府面对两个超级大国采取了不偏不倚的立场，同时加强了与第三世界国家的团结。这种政策的理论框架是根据“和平与发展”的目标来确立的，邓小平在这个过程中再次起到了总设计师的作用。这位中国领导人认为，“和平与发展是当今世界面临的两大问题”，谋求和平主要为改善东西关系，而谋求发展则是为改善南北关系。在此背景下，中国成为“一个真正不结盟的、反霸权的、致力于推动对话和南南合作的国家” [Deng Xiaoping, 1984, pp. 263 y 266]。

---

9. 1969 年 3 月，在中苏界河——黑龙江的重要支流乌苏里江，双方发生冲突。冲突共持续了 2 年时间，期间双方多次在东岸界河交火，这种局势导致中苏关系破裂。

10. 此次访问包括与毛泽东的会晤，其重要性在于开启了所谓中美“关系正常化”的序幕。另外，中美两国的接近也是中苏关系破裂的结果。

尼克松迎接访华特使基辛格

作为对上述内容的补充，还要明确在各个历史时期，中国国际关系思想的不变因素还有哪些。专业文献认为，这些因素包括“持续的变化”、“国家中心论”“伦理主义”和“用打比方的方式传播思想”。

首先，由于信奉马克思列宁主义，中国的大部分领导人和知识分子都承认历史客观规律的存在。发现这些规律，并在制定政策时加以思考，就成了国际关系理论家们的重要任务。在解释世界形势时的一个不变特征是强调“持续的变化”。因此，数量众多的领导人讲话和知名学者的文章，都表露出世界正经历“转型与动荡”的观点。让我们回忆一下 1990 年李鹏总理的讲话：

“当前，国际形势正在发生着重大变化……各种力量在错综复杂的利害矛盾中正在重新分化和组合。世界更加动荡不安。”[Li Peng, 1990, p. 22]

中国社会科学院世界经济与政治研究所所长李琮在1990年也曾指出：

“我们面临着剧烈的变动，世界局势动荡不安，这种混乱预示着一个转型年代的到来。” [Li Cong, 1990, p. 4]

除了揭示世界形势的变化特征以外，中国学者还在三个问题的分析上声名鹊起：现存的基本矛盾、角色之间的结盟、权力的制衡。

关于第一个问题，中国外交史第一阶段的基本矛盾是社会主义阵营与资本主义阵营之间的对立；20世纪60年代，基本矛盾与苏联的“偏离主义”和中国坚持的“正确方向”有很大关系；第三阶段的基本矛盾在于超级大国之间的“尔虞我诈”和中国领导的第三世界的存在；从80年代开始，东西方之间意识形态的对立和南北方之间经济特征的对立成为关注的焦点 [Wang Jisi, 1995a, p. 488]。

关于第二个问题，重点在于各种角色在集团和次集团内部的变化、集团的出现和没落，以及采取何种立场对国家最为有利。因此而产生了“力量”平衡（“力量对比”）的问题，即西方国家更熟悉的“权力制衡”。中国的国际问题专家认为，“力量平衡只是相对和暂时的，而力量失衡却是绝对和永恒的”，这说明对于国际现实变化形式的认识和由此而产生的三个问题之间是存在联系的。

中国理论界对国际关系多变性的认识并没有造成指导原则和目标的缺失。他们认为，对外政策的“调整”——例如可以通过结盟、采取孤立主义、积极参与自身的动议、恢复原有的联盟等方式来实现，——“是理所当然的选择”，只要基本导向保持不变 [Kim, 1989, p. 4]。在中国人的思维中，适应环境被看作是引以为豪的能力，因为“雄才大略者是根据事件的发展趋势来指导行动的”（汉语中的“因势利导”）。

著名汉学家白鲁恂（Lucian Pye）[11] 在谈到中国的实用主义时曾说：

“中国人的务实精神使得环境中的一切变化都会带动行动上的变化，这与西方国家截然不同（它们会不惜一切代价保持准则不变，却很少去应付环境的变化）。中国的当政者展现了以权达变的处世哲学。” [Pye, 1990, p. 71]

关于中国国际关系思想的第二个不变因素，即“国家中心论”，中国现代国际关系研究院（中国在相关领域的重要智库）对外政策研究中心前主任阎学通认为，世界“是一个充斥着民族国家的体系，它们之间注定要相互竞争和斗争” [Yan Xuetong, 1995, p. 4]。

这一论点是对国际关系现实主义学派的直接认同，因为它不仅肯定了西方学者的基本概念，[12] 而且揭示了国家利益“客观存在”这一现实，并指出“应以科学的方法加

11. 白鲁恂（1921—2008），美国政治学家、著名汉学家，麻省理工学院教授，著有《中国政治的精髓：一个政治发展进程中的权威危机的心理文化研究》等。——译注

12. 其中包括民族国家是国际关系的主要角色，国际政治的特点在于无政府状态——这是因缺少核心权力所致，国内政治也同样存在这样的特点，国家间的关系按照“强权政治”的规则发展，国内政治与国际政治之间存在对立。

以研究”[Yan Xuetong, 1995, p. 5]。

北京大学国际关系学院前院长梁守德则认为，国家利益已经成为整个国家的象征，它的实现是每个国家“不可剥夺的权利”[Liang Shoude y Hong Yinxian, 1994, p. 45]。该学者还指出，“产生国际行为的基本因素在于利益，因此意识形态、宗教和价值观并非外交工作的动力”[Liang Shoude y Hong Yinxian, 1994, p. 58]。

中国现实主义的根源主要来自和平共处五项原则和邓小平的思想及著作。前者是指周恩来在 1954 年正式访问印度期间提出的指导思想，当时被列入了这位中国总理与印度总理贾瓦哈拉尔•尼赫鲁（Jawaharlal Nehru）签署的联合公报中。

和平共处五项原则旨在反对“霸权主义”，其内容如下：

◆互相尊重主权和领土完整

◆互不侵犯

◆互不干涉内政

◆平等互利

◆和平共处

20 世纪 80 年代初期以来，中国学者及政府官员一直强调和平共处五项原则是建立国际政治新秩序的指导准则。尊重主权是五项原则的根基，它“是空间上存在差别的国家所掌握的特权”，并且“应该通过‘强权政治’加以维护”[Yan Xuetong, 1995, p. 14]。

另一方面，邓小平的思想或邓小平主义，无论从理论还是从实践的角度来讲都推动了中国现实政治的形成。在思想领域，这个“小个子舵手”曾提出“国权，主要是指主权和国家安全，要放在第一位”。因此，国家间发展关系要以国家利益为重，“冲突总会解决，世界终将和平”[Deng Xiaoping, 1993, p. 330]。

在中文版的《邓小平文选》中披露了 1979 年 1 月邓小平与美国前总统理查德·尼克松在纽约会见时的一段轶事（这是中国高官首次访美）。当时这位来自东方的客人对他的东道主这样说道：

“国家利益应是国际关系的基石。比如说，您 1972 年 2 月的中国之行是明智的：您是反对共产主义的，而且明知我们是共产主义者。但我们都将各自的国家利益作为准则，正因为如此，我们才能讨论并解决问题。”[Deng Xiaoping, 1993, p. 331]

在实践方面，当邓小平主政中国后，[13] 实施了一系列措施以消除前一阶段激进的、过度意识形态化的思想，这对国际关系理论的形成也起到了促进作用。

对国际关系的讨论摒弃了马克思主义阶级斗争之类的意识形态色彩。阶级斗争的思想认为由于国家是统治阶级的工具，因此国家利益自然而然地成为了统治阶级

13. 平反之后，邓小平在 1977 年担任了国务院副总理和人民解放军总参谋长的职务，并因此而掌握了足够的权力得以在中共中央十一届三中全会（1978 年 12 月）上推行“改革开放政策”。

利益的反映。“国家利益”被理解为“国家整体”意愿的代表，这个整体既包括统治者，也包括被统治者 [Liang Shoude y Hong Yinxian, 1994, pp. 75-76]。

甚至于像文化冲突、捍卫人权这样客观存在的事物都被中国的现实主义学派视为“某些西方国家在发展中国家和欠发达国家推行霸权主义的企图”。因此，“第三世界国家要应对文化扩张，以避免陷入一种全球文化被同质化、被强加于人的境地” [Wang Huning, 1995, pp. 120-121]。

“伦理主义”作为中国国际关系思想的第三个不变因素，不仅与出于宣传目的的伦理学阐释有关，而且与中国政治文化自身的因素有关：反映出对待政治和从事政治的方式。在国内政治领域，公民更愿意遵从伦理，而非法律。从这个角度看，“资产阶级自由化”、“精神污染”、腐败等当代社会的弊端，都可以通过群众教育、整风运动和党内意识形态工作加以解决。

在国际政治领域，人们普遍相信，推动和平共处五项原则、争取建立一个“更加公平的政治和经济新秩序”仍是崇高的事业。中国的国际主义者认为国内社会与国际社会之间存在类比关系，如果伦理准则受到尊重，那么社会将处于和谐状态，“如果和平共处五项原则得到遵守，国际社会将获得和平” [Wang Guang, 1989, p. 7]。因此，结论是如果中国想证明采取的是一种强调伦理原则的对外政策，那么实际目标就在于寻求在国际事务中扩大其影响力。

“用打比方的方式传播思想”是中国国际关系思想的第四个、也是最后一个不变因素。在中国的政治文化中，这种方式蔚然成风。比起矫揉造作的抽象语言，思想精英们更愿意用寥寥数字组成隐喻来高度概括某个方针政策。

例如毛泽东曾用过这样的箴言：“帝国主义从战略上来看都是纸老虎”“东风压倒西风”“允许百花齐放”“让我们用两条腿走路”“精神原子弹”“实事求是”“和平与发展”等。这种文化习惯还包含着另一层含义，即中国人喜欢从事实中总结道理并加以传播。

第三节 中国战略思想分析的合理性

为什么判断中国在冷战后国际体系中的走向需要借助中国战略思想分析呢？中国对外政策的专家李可柔（Carol Lee Hamrin）[14] 是这样解释的：

“要了解中国各个时期的国际行动，除了世界形势以外，还必须关注其领导人对世界形势的认知、对自身能力和利益做出的正面评价，以及当政者对国家在国际事务中应起作用的评估。”[Lee Hamrin, 1986, pp. 50-51]

---

14. 李可柔，弗吉尼亚州美国乔治梅森大学教授，中国问题专家，著有《光与盐》等。——译注

由于领导人对现实情况的一系列构成因素做出的估计具有重要意义，因此我们就必须冷静地分析现实世界的观察者有哪些潜意识的需要（这里指的观察者可能是决策者和 / 或其智囊团）。一个国家或整个世界未来的发展方向不仅是由现实世界的客观情况决定的，还取决于角色们对客观现实的理解、这些理解依据的假设，以及从理解和假设中做出的决策 [Kegley, 1995, p. 10]。

上述观点主要体现在罗伯特•杰维斯（Robert Jervis）[15] 的著作《国际政治中的知觉与错误知觉》和萨缪尔•金的文章《中国外交政策的新方向与旧困惑》中：观察者的身上存在着信仰体系，它就像过滤器一样“筛选”从环境中获得的信息，无论是全部信息（未经分析）或已经分析过的信息（由专家进行），还是国内信息（内部框架）或国际信息（外部框架），都是如此。

大部分国际关系的理论家都认为来自外部的信息，不管是关于国家间关系还是关于国际体系自身的现实（例如两极分化），都位居“国际问题分析中头等重要和次等重要的地位”，而那些来自内部的信息被视为“第三等重要的分析”。

近 30 年前，彼得•古勒维奇（Peter Gourevitch）（或许效仿俾斯麦）[16] 在其经典名篇（提出了“颠倒的第二

15. 罗伯特•杰维斯，美国著名国际政治学学者。——译注

16. 彼得•古勒维奇，美国政治学家，主要研究国际关系和比较政治学，著有《艰难时世下的政治》等。——译注

种意象”[17]）中曾断言，国内政治事件的发生一定是国际政治的结果（而非原因）[Gourevitch, 1978, pp. 882-883]。对中国来说，这可以通过对“和平与发展”战略提出的原因进行分析而得到验证。试想一下，如果没有超级大国之间紧张关系的相对缓和，中国就不会将推行改革开放政策作为首要任务 [Kim, 1989, p. 23]。

信仰体系是由贯穿所有人一生的社会化进程组成的，其中家庭、学校、媒体发挥着根本作用。有时信仰体系会导致人们用武断的方式观察现实，并因此而扰乱人们理解特定形势的实质，继而产生认知上的混乱。

在没有任何干扰的情况下对特定形势进行分析，将有可能获得特殊的感知。特殊的感知（主要国际角色的状态和世界各地区的形势）叠加在一起，就会产生一种观点（或对国际体系现状的评估）。在对能力和利益进行正面评价时，也会发生同样的情况。

总而言之，环境（信息）的刺激因素构成了独立的变量，信仰体系构成了起干扰作用的变量，提出的观点或评价（政策的决定和公布源于此）构成了取决于认识过程的变量。

信仰体系的影响力随着国家在国际协调中的地位得到确定而日趋扩大，因为它不仅依靠现实信息，还利用

17. 此外还补充了肯尼思•华尔兹在《人、国家与战争》中的论断。华尔兹认为人的特性和行为是国际政治的第一种意象，民族国家是第二种意象，国际体系是第三种意象。

了愿望（有些是无意识的）、形象（自己的和他人的）、兴趣和目标。

文化遗产对中国国际关系问题的决策者及其智囊团的思维产生了很大的影响，[18] 这个问题在本节中有着特殊的用途。它是一个研究平台，在其背后，中国战略思想的历史、概念和理论都将得到讨论。

著名汉学家费正清（John King Fairbank）[19] 认为在中国人的思维中有六个文化传承的产物：

◆彰显大国气势，突出强国地位

◆中国身处中心地位（中国中心论）

◆保持内部团结，实行领土控制

◆国际形势与国内稳定相辅相成

◆因饱受西方列强奴役而充满耻辱感

◆既保留自身精华，又引进西方技术（“体—用”之争）[20][Fairbank y Deng, 1954, p. 60]

另一位在中国大名鼎鼎的专家白鲁恂认为七对矛盾体构成了中国政治文化的特点：

◆骄傲与卑微

◆象征主义与现实主义

18. 有些学者将其称之为“中国战略思想的文化源泉”。

19. 费正清（1907—1991），哈佛大学终身教授、著名历史学家、中国问题观察家，著有《美国与中国》等。——译注

20. 源于 19 世纪末期出现的口号“中学为体，西学为用”（意为“学习中国的根本和精华，学习西方的一技之长”），当时中国正处于西方列强的蹂躏下。

◆模棱两可与坚定不移

◆自我牺牲与奋力求生

◆反对欺凌与遵从宿命

◆平等待人与繁文缛节 [Pye, 1988, p. 24]

高龙江（John Garver）[21] 则将文化对中国外交的影响细化为八个特点：

◆民族主义和民族性

◆伦理主义

◆实用主义

◆自给自足

◆国家的巩固

◆国家体系的等级化秩序

◆和平的国际环境的必要性

◆以乐观心态看待未来 [Garver, 1993, pp. 02-28]

上述归纳是对传统文化影响着中国政治行为的认同，读者们可能产生的疑问是毛泽东领导的革命和马克思列宁主义在中国的推行在多大程度上改变并同化了这些观念。我十分赞同高龙江的观点：

“2000 多年来，中国历朝历代深受儒家思想熏陶的王公大臣们在历史中找到了朝代沉浮的原因，并从中得出了关于如何管理本朝事务的结论。对朝代更替的解释事关各个朝代的合法地位，因此历朝历代都要撰写一部自己的史书，以证明夺取政权名正言顺。马克思主义找

21. 高龙江，美国佐治亚理工大学教授，汉学家。——译注

寻历史规律的不懈努力不仅与中国人以史为鉴的传统不谋而合，还将其发扬光大……马克思主义与儒家思想一致认为，权力与伦理之间的关系是通过历史研究而得到鉴证的。”[Garver, 1993, p. 4]

因此，不管马克思列宁主义与毛泽东思想（均被视为指导中国共产党的基本原则[22]）是否产生了影响，文化传承都构成了一种“非官方思想”或中国信仰体系的常量。

中国领导人对辉煌的历史深感骄傲，对改革开放政策的成就满怀乐观，对此，研究文化间关系的学者入江昭（Akira Iriye）[23]曾有过这样的评价：

“中国存在着文化与权力之间的密切关系，即伟大的文化决定了这个国家在世界上掌握的权力。由此可知，文化优越的国家势必对其他国家产生影响。”[Iriye, 1979, p. 118]

或许中国领导人及其智囊团头脑中存在的大国情怀促使他们寻求中国在国际体系中的主导作用。这种愿望是否真实存在将在接下来的三个章节中进行讨论，届时将分析中国战略思想形成过程中历史、形象认知和理论三个因素的重要性。

在本章结束之前，还要再讨论一下“战略思想体系”的问题，它构成了中国的知识精英。党的政治路线是最高纲领，

---

22. 其他的基本原则还包括坚持社会主义道路、坚持无产阶级专政和坚持党的领导 [Deng, 1984p. 193]。

23. 入江昭，美国著名历史学家，著有《跨越太平洋：美国与东亚关系秘史》等。——译注

由党的最高领导机构（中央政治局常务委员会）确定。战略思想就出自政治路线 [Tan Eng Bok, 1984, pp. 6-7]。外事领导小组参与其制定过程，负责召集与国际问题相关的政府、党和军队机构。该“小组”在组织上隶属于前面提到的中央政治局常委会，其成员是党的中央委员会委员。（见图 1）

党（从组织上讲）通过对外联络部（隶属于秘书处）和中央军事委员会主席团（掌握军队实际领导权的机构）

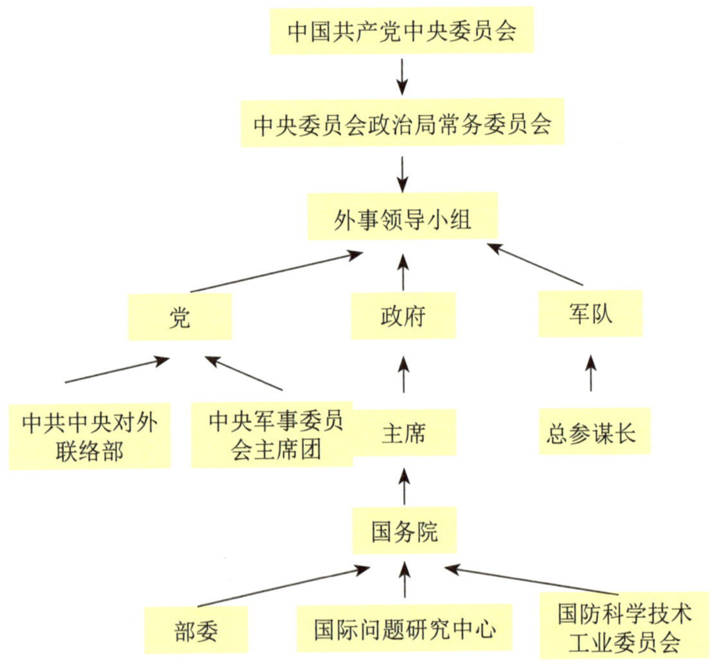

图 1 外事领导小组构成（作者根据中国政治制度研究自行绘制）

参与外事领导小组。而政府的参与是通过共和国主席团来实现,其中包括国家首脑和汇集政府领导的“国务院”。国务院在外事领导小组中的组成包括:

◆四个部:外交部、对外贸易经济合作部[24]、国防部和国家安全部(国家的情报机构)

◆国际问题研究中心[25],是国务院下属的高水平智库

◆国防科学技术工业委员会。

最后,中国军队的正式名称为“中国人民解放军”,它在外事领导小组中的成员是总参谋长 [Lieberthal y Oksenberg, 1988, cap. 2]。党、政、军三方共同组成了明显带有合议性质的最高级别政治领导机构,成为处理中国战略事务的“三驾马车”。

对外政策在实际工作中遵循战略思想,不仅包括运用各种政治手段,也包括经济、军事和心理手段。需要强调的是,虽然战略思想是按照党的政治路线纲领来制定的,但也从战略学说中的知识内涵中汲取了营养,而战略学说又受到“战略科学”的启迪。

与“三驾马车”相关的权威机构参与了战略学说的制定,如中国社会科学院(隶属国务院)下属的世界政治与经济研究所、国际问题研究所(隶属外交部)、中国国际战略学会(隶属国防部),以及中国现代国际关

24. 已于 2003 年与其他几个部委合并为商务部。——译注

25.1998 年,“国际问题研究中心”并入“中国国际问题研究所”。2014 年“中国国际问题研究所”更名为“中国国际问题研究院”,隶属于外交部。——译注

系研究所（隶属国家安全部）[26]。有时，根据相关议题，一些特定问题的专业性研究中心也会参与这项工作，如上海国际问题研究所[27]（隶属上海市政府）[Shambaugh, 1995, pp. 603-618]。

最后需要指出的是，“战略科学”主要依托现行战略学派，并为“战略理论”提供准则，而“战略指导的规律”正是从“战略理论”中应运而生的 [Tan Eng Bok, 1984, pp. 08-09]。（见图 2）

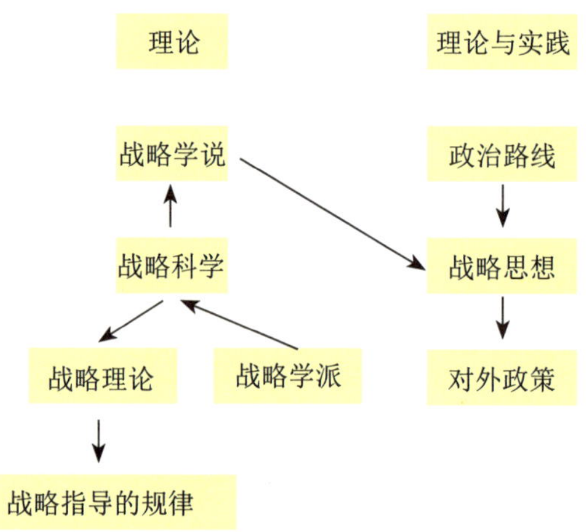

图 2 中国战略思想体系（作者根据中国政治制度研究自行绘制）

26. 已更名为中国现代国际关系研究院。——译注
27. 已更名为上海国际问题研究院。——译注

第二章 中国战略思想的历史维度

第一节 中国的世界观

历史，正通过人们对它的记忆和对其意义的笃信，对后代产生着影响。这些共同拥有的记忆和信仰，其力量能够大到什么程度通常是不得而知的，这不是因为它们缺乏客观依据，而是因为信仰本身要比史实重要得多。共同的记忆和信仰铸造了国家之间的关系。世界上没有几个国家像中国那样，历史能够发挥核心的作用。如前所述，在马克思主义追寻历史规律的传统下，中国人探寻历史根源的习惯变得更加根深蒂固了。

马克思主义不仅找到了一个社会阶级的道德水平与其社会影响之间的关系，而且还分辨出了人类历史的累进式发展。据此，每个权力阶级和其相应的社会组织形式，[1]都比此前的阶级有所进步。根据这种观点，无产阶级为夺取政权而真正发自内心的呼喊振聋发聩，因为它以解放饱受剥削的劳苦大众为己任。列宁无疑是这方面的先行者，他曾指出："当政的权利属于那些对真正的历史原则谙熟于心的人"，这和孔子的理论不谋而合。

儒家思想和马克思主义运用历史原则来解释和评判政治的倾向，也许就是中国在国际舞台曾经持有不同立场的原因。可以肯定的是，1949 年以来的中国领导层不得不用一种宽泛的类型标准和历史阶段来确定外交政策。

◆中华人民共和国成立后加入了由苏联领导的社会主义阵营，与美国为首的另一阵营实施的"帝国主义统治"进行抗争。

◆近 20 年后，中国政府提出了"三个世界的理论"，据此，苏联和美国构成第一世界，社会主义和资本主义阵营的发达国家构成第二世界，而发展中国家构成第三世界。这一理论认为历史的必然和进步要求第二和第三世界联合起来反对第一世界。

◆ 1977—1982 年，三个世界的理论以所谓反苏"统

1. 它们能够反映阶级利益。

一阵线”的形式体现。

◆ 1985 年，当中国融入世界资本主义经济时，其领导层将新的历史框架发扬光大，即提出所谓“社会主义初级阶段”。它的含义是，中国的社会主义正处于最初的历史阶段，采取资本主义经济的组织形式是可以接受的。

尽管外交政策的类型和历史阶段取决于形势的变化和一国的政治需要，但也反映出关于权力与道德之间应有关系的传统观念，即权力应服务于道德目的，而道德目的源自对历史的研究。当代中国政治权力的合法性根植于它对历史的解读，而历史则对政策设计起借鉴作用。[Garver, 1993, pp. 2–4]

根据长期积累的历史经验，中国的世界观具有四个核心议题：

（1）中国在世界秩序中的中心地位；

（2）保持文化本质的必要性；

（3）中华民族饱受欺凌的百年历史；

（4）民族自豪感。

作为对上述四个议题的引言，需要指出的是，其中三个议题（第一、二、四）与“中心国家”（即“中国”）[2]的自我判定有着明确的关系（与世界其他国家之间的关系被视为结果），只有第三个议题体现出世界对中国的影响。

中国在世界秩序中的中心地位：儒家思想曾认为，管理国家的能力和物质生活达到最高水平是中国优越于

2. 汉语中“中国”一词从字面上可翻译为“中心国家”。

其他国家的表现。实际上，中国也确实是在现代历史之前曾达到过帝国地位的少数政治体之一。如果从存在时间、疆域面积、文化和科学技术成就的杰出性来衡量，中国无疑是拥有最璀璨文明的国度之一。中国的最突出之处在于，几千年前形成的文明经久不衰，延续至今，这与尼罗河流域、美索不达米亚地区和印度河流域创造的文明截然不同。这种贯穿人类历史的传承，成为中国曾经持有、而且仍然持有的中心论思想的基础。

从唐朝（公元 618—907 年）起，中国的文人墨客就开始笃信，无论平民百姓，还是受益于中国文化的民族，都应该接受皇帝的统治。甚至在西方国家，启蒙运动的思想家们也深受儒家倡导的政治秩序中仁义思想的影响。谈到中国对人类的贡献可谓不胜枚举：火药、造纸术、印刷术和指南针。中国的知识界对文化遗产满怀自豪，却对西方国家现代时期的技术优势不屑一顾。

儒家思想对这种情况早有预见，因为中国的优越性源于其伦理德行，而非物质能力。儒家认为，人存在于世的最重要之处是以正人君子之规行事。如果百姓正派，那么就会有助于国家间的和谐。至于国家之间的关系，儒家思想主张，为实现“天下”之局面，“蛮人”应学习并尊重中国 [Fitzgerald, 1964, pp. 2–13]。民族中心主义秩序是从汉朝（公元 3 世纪）起确立的思想，涵盖了现在的日本、朝鲜、俄罗斯远东地区、东南亚国家联盟各国[3]、印度东北部，

3. 即泰国、马来西亚、新加坡、文莱、印度尼西亚、菲律宾、老挝、柬埔寨、越南和缅甸。——译注

以及中亚东部。通过汉朝开通的丝绸之路，中国文化传播到了中东，后来又传至欧洲。这种“依中国而确立的世界秩序”至少从理论上来看是具有等级之分，体现了集权主义、伦理主义、普遍主义的，且缺乏明确的疆域界线，其中皇帝（即“天子”）拥有至高无上的权力，与汉族以外的其他民族进行交往的根本动机在于将其改造为文明民族[Fitzgerald, 1964, pp. 14–24]。（见表 1）

朝代		起始时间
夏		公元前 2017—前 1600 年
商		公元前 1600—前 1046 年
西周		公元前 1046—前 771 年
东周	春秋时期	公元前 770—前 476 年
	战国时期	公元前 475—前 221 年
秦		公元前 221—前 206 年
西汉		公元前 206—公元 25 年
东汉		公元 25—220 年
三国（魏、蜀、吴）		公元 220—280 年
西晋		公元 265—317 年
东晋		公元 317—420 年
南北朝		公元 420—589 年
隋		公元 581—618 年
唐		公元 618—907 年
五代		公元 907—960 年
北宋		公元 960—1127 年
南宋		公元 1127—1279 年
元		公元 1271—1368 年
明		公元 1368—1644 年
清		公元 1644—1911 年

表 1 中国历史朝代纪年（国务院新闻办公室，2006，第 20 页）

中国在历史上形成的世界观对其自20世纪50年代以来在“坚持”真理的信仰下采取的政策（包括与苏联结盟，坚持自己的道路，对抗两个超级大国，以及接近美国，——正如我们在“中国外交史的阶段划分”中所讨论的）产生了重要影响，因为中国对其伦理的优越性深信不疑。费子智（C. P. Fitzgerald）[4]在其著作《中国对其世界地位的看法》一书中曾指出，中国的世界观“基本上是一成不变的，只是为适应现代社会而进行了某些调整，因为首要目标仍然是将本国置于世界的中心”[Fitzgerald, 1964, p. 71]。

中国中心论的思想在文化领域也可见一斑。1952年，《中国人民》杂志上发表了一篇英文社论，其中写道：

“中国人民将他们的国家提升到了应有的地位，已经成为世界领袖之一。我们为亚洲和太平洋地区的人民创造了一个新的标准，赋予他们解决问题的新视角。北京是亚太地区人民为争取国家间和谐而重新团结起来的发源地。”[“For Peace in Asia…”, 1952, p. 1]

保持文化本质的必要性：1840年后，在中国的知识分子中掀起了一场关于如何反抗外来干涉的讨论。林则徐，受皇帝指派前往广东取缔鸦片贸易，他认为中国应学习西方的军事技术，向外国购买武器。1848年，福建

4. 费子智（1902—1992），出生于英国，曾在中国生活和工作了近20年，后移居澳大利亚，是澳洲汉学的开创者，著有《中国文化简史》等。——译注

（通过其港口与国外往来密切）巡抚徐继畬写成一部关于世界各国风土人情的著作，书中承认，中国地处辽阔大陆的一端，欧洲国家比“天国”更为发达，且历史悠久、文化和政治成就斐然 [Drake, 1975, p. 25]。

关于文化和政治成就，书中还提到了印度、东南亚部分地区和非洲部分地区的殖民地化，并提出告诫：如果中国不能很好地应对外来威胁，就会重蹈这些国家的覆辙。徐继畬与林则徐都认为，中国应该引进西方的发达技术以防患于未然 [Drake, 1975, p. 26]。

19 世纪中叶以后，越来越多的中国知识分子除了意

林则徐雕像

圆明园大水法遗址

识到外国利用腐朽朝廷推行的政策是何等无良，还逐渐接受了科学技术现代化的思想。然而，在经历了 1858 年第二次鸦片战争、1860 年英法联军攻占北京并摧毁圆明园、太平天国起义取得初步胜利等事件之后，中国政府也开始审视利用先进技术反抗西方的必要性。

于是，在恭亲王（咸丰皇帝的异母兄弟）的支持下，涌现出一个以李鸿章和张之洞为主要代表、主张“自强自立”的集团，并在 1861—1874 年掌握了朝廷重权。第一项措施就是军事力量的现代化，后来又相继开办了一个兵工厂、两个造船厂、海关、一所外语学校、煤矿、铁矿、铸造厂、港口、铁路、电报局等，甚至模仿西方国家成立了外交部。

“现代主义”改革的推行，逐渐引起朝廷内部和知

江南水师学堂遗址

汉阳铁厂

识界的文人对改革后果的思考。一些进步人士，诸如康有为、梁启超等，认为改革应该再接再厉，改造封建王朝自身的制度。其依据在丁经济实力与政治稳固之间存

開平礦務局股分票

今收到廣東省廣州府香山縣人

兩正

經收唐景星

开平矿务局股份票

在着直接关系：中国作为穷国，还没有足够的实力兴建军火库和铁路。

虽然这场哥白尼式的革命在 1898 年因威胁到儒家制度而在宫廷政变中夭折，但占据多数的保守派（惧怕传统模式的终结）与占据少数的改良派（是封建王朝没落的见证者并因此主张扩大改革）之间达成了某种程度的妥协，其结果是在不触动根本的前提下引进了西方技术。这构成了汉学研究中有关现代中国的重要议题之一：“体用之争”，即“体”为根本，“用”为“有用”。[Fairbank y Deng, pp. 61-62, 1954]

尽管中国人民遭受了长达半个世纪的欺凌和压迫，但对保持本质或“体”的必要性仍深信不疑，这与中国自认在世界上独一无二有很大关系。对于“保守派”知识分子和政府官员来说，中国所拥有的是占据世界中心地位、且应该不惜一切代价去捍卫的独特文明。

这种信仰在清朝晚期的外交上引发了一场关于如何在不损害中国独特本质的前提下吸收西方技术或所有长处的讨论。极端的观点认为应采取孤立主义立场，拒绝一切对外开放。对此持不同意见者分为两派，其中一派对中国传统文化的特有价值成竹在胸（认为这些价值不会因外国技术的引进而受到影响）；另一派则认为自身的文化本质反而会因舶来之物而得到升华。

从 19 世纪末到 20 世纪初，清政府内部占主流地位的思想是倾向孤立主义。实际上，当时的决策表明，即使是在已经批准引进西方先进之处的情况下，对“腐化”价值观涌入的担心也甚嚣尘上。

在清朝灭亡之后，在建立共和的努力失败之后，在经历了无政府状态、抗日战争和内战之后，这场宫廷讨论已过去了 80 年之久，当年的担忧又重新回到了中国政治舞台的中心。邓小平提出的“建设有中国特色社会主义”构想，既包括大量吸收外国技术，又包括坚持“四项基本原则”[Garver, 1993, pp. 16-18]。

回顾 1949 年以来的中国历史，会发现在毛泽东时代，

改革开放

外来影响也令高层领导惴惴不安，因为后果之一是腐蚀社会主义。在20世纪50年因与苏联结盟而搞得沸沸扬扬的“西方化”运动（旨在全方位效仿苏联模式，建设新型社会主义）之后，中国在60年代再次转向孤立主义（确切地说，从50年代起，中国就试图在平均主义和集体主义的思想主导下推进中国式的社会主义道路，但并不顺利，其间的1960—1965年中国经济出现倒退，此后从1966年到1976年毛泽东逝世，中国一直处于“无产阶级文化大革命”中）。

随着后毛泽东时代领导集体的巩固，1978年邓小平开始推行“改革开放政策”，从此中国逐步打开国门，允许引进外国技术和管理知识（此外还有外资和信贷）。同时，中国掀起了“反精神污染”和“资产阶级自由化”

运动（分别在 1983 年和 1987 年），以此防止西方价值观对社会的影响。

邓小平本人曾在 1985 年与津巴布韦总理罗伯特 • 穆加贝（Robert Mugabe）会见时表达了这种担忧：

“为了发展生产力，必须对我国的经济体制进行改革，实行对外开放的政策。为了有助于发展生产力，我们必须引进资本主义国家的资本和技术……在改革中坚持社会主义方向，这是一个很重要的问题……对内搞活经济、对外开放是在坚持社会主义原则下开展的。”[Deng, 1994, pp.145-148]

中华民族饱受欺凌的百年历史：110 年来中国人民反抗帝国主义凌辱和压迫的斗争在 20 世纪 80 年代成为中国历史研究的中心议题。从 1840 年（第一次鸦片战争爆发）到 1949 年（中华人民共和国成立），中国饱受战争创伤、历经重重磨难，这是遭受侵略和以耻辱换取和平的结果。巨额赔款和赋税被强加于这个以伟大自居的国家，这直接影响到它的财政，限制了其增强军事、发展经济的能力。

帝国主义列强逼迫中国签订“不平等条约”（1842—1901 年[5]），从而将名义进口关税下降到 5%，因此严重损害了新生的民族工业，削弱了清政府抵抗外来侵略的财力。同时，尽管政府并不情愿，中国还是被迫将鸦片进口合法化，并允许基督教传教士来华传教。

---

5. 这段时期签订了终结第一次鸦片战争的《南京条约》以及《辛丑条约》（义和团运动终结的结果）。

此外还发生了一系列野蛮行径，如 1860 年英法联军为迫使清朝皇帝与外交使团（当时主要驻在沿海城市，如广东省的广州市）直接对话而摧毁了圆明园。这些强制性手段导致中国人丧失了自信和自尊，从心理上沦为外国人的附庸 [Clyde y Beers, 1975]。

第一次鸦片战争结束后，外来影响开始扩散到中国内部。在不平等条约下（到 20 世纪初共签署了 50 多项为外国商人提供优惠待遇的条约），中国开放了一系列港口，外国人可不受中国法律和地方法庭的约束，政治和商业中心划出整片的区域供外国人居住和经商（所谓的“租界”）——在这里外国人享有治外法权——外国驻军被授权保护租界，战舰获准在内河和口岸航行以保护水上贸易。

到 19 世纪末，中国被分割成不同的势力范围，被英

天津原法租界兵营遗址

国、法国、葡萄牙、德国、日本、俄国等国家所控制（美国仅和其他列强盘踞在上海），就好像一个被瓜分一空的殖民地。在这份势力范围图中，南方被英法所控制，东南地区被英国控制，[6]山东半岛被德国控制，满洲里南部被日本控制，满洲里北部被俄国控制。饱受压迫和欺凌的另一个表现是中国丧失了边境地区的辽阔疆土，尽管当时中国在这些区域并没有实施有效的统治，只是通过征收赋税的方式进行管理，但仍逃脱不了其影响力被根除的命运。英国利用 1842 年的《南京条约》占领了香港，又在 1886 年控制了阿萨姆（位于印度东北部）和缅甸。法国于 1885 年占领了安南（印度支那），而日本利用 1895 年签署的《马关条约》占领了台湾，之后又占领了朝鲜、北满洲里和琉球群岛。俄国利用 1864 年的《塔城条约》[7]和 1885 年的《瑷珲条约》，控制了蒙古、中亚部分地区、阿穆尔河[8]沿岸地区和萨哈林岛[9]。[Pekín，Foreign Languages Press, 1954, pp. 89-112]

白鲁恂曾将这段中国历史称为"神话"，不是因为官方史料中记载的事实子虚乌有，而是因为造成这段历史的罪恶企图对后代产生了无以复加的影响 [Pye, 1968, pp. 50-61]。除此之外，1840—1949 年发生在中国的种种事件也对中国人的世界观产生了重要的影响，促使中国

6. 葡萄牙在 16 世纪占领了澳门。
7. 即《中俄勘分西北界约记》。——译注
8. 即黑龙江，阿穆尔河为俄语称谓。——译注
9. 即库页岛，萨哈林岛为俄语称谓。——译注

萌发了摆脱一切压迫、防止重蹈覆辙的迫切愿望。毛泽东本人在1949年9月中华人民共和国成立在即时曾指出:

“中国人从来就是一个伟大的勇敢的勤劳的民族，只是在近代落伍了。这种落伍，完全是被外国帝国主义和本国反动政府所压迫和剥削的结果。……我们的民族将再也不是一个被人侮辱的民族了，我们已经站起来了。”[Mao Zedong, pp. 16-17]

因此，在经历了长达1个世纪的屈辱历史后，中国在国民的眼中已经沦为“受帝国主义欺压的半殖民地国家”，这与“封建主义”并称为“压迫”中国人民的“两座大山”。因此，1949年后中国掀起的“反帝”运动是1840—1949年惨痛教训的结果，这种情感是无法从中国人民及其领导者的头脑中消除的。

民族自豪感：对泱泱大国的怀念与对百年屈辱史的愤怒相互交织，是这个议题的出发点。从孙中山到邓小平，以及蒋介石和毛泽东，现代中国领袖肩负的共同政治使命就是坚决果断地防止1840年以来的历史重演，以及恢复中国在国际体系中的应有地位。虽然他们不一定有意识地将“中心国家”的概念纳入到政治考量中（历史上的封建朝代也是如此），但他们坚信中国应在世界上享有特殊的地位。

孙中山作为革命领袖和共和时代（在满清灭亡之后建立）的第一位总统，是公认的现代中国之父。他对共和事业的主要贡献在于奠定了思想基础，并在1924年的

孙中山画像

著作中将其归纳为“三民主义”。孙中山提出民族主义、民权主义和民生主义的目的是“救国”，是“使中国能够与世界其他国家平起平坐”[Sun Yat-sen, 1975, p. 1]。

作为三民主义的第一个内容，民族主义被孙中山定义为“中华民族忠诚于中国”。他指出“中国人口庞大，其特点在于民族的单一性，[10] 历史上一直被一个国家所统治”。[11] 中国人被赋予的民族身份和接受的共同统治是中国在文化和政治上优越于其他国家的表现。鉴于中国自 19 世纪中叶以后的倒退，“救国”要遵循一系列的

10. 这一点值得商榷，因为根据相关统计，中国共有 56 个民族，其中大部分是“汉族”（据官方统计，目前汉族在中国 13 亿多人口中占 92%）。

11. 这里的国家指皇帝统治的国家，而不是指由中国人统治的国家（我们知道 1279—1368 年的元朝和 1644—1911 年的清朝分别由蒙古族人和满人统治）。

前提条件；“重新挖掘传统的道德，培育美德，在唯一的国民政府管理下团结一心，支持建立一个欧洲式的国家和民主自由主义” [Sun Yat-sen, 1975, pp. 5 y 7]。

从 20 世纪 20 年代起，中国因共和的失败而陷入无政府状态，重振民族自豪感的必要性成为中国政治的通用语。在救国思想的支配下，当权者们为免于亡国和重振国力，开始励精图治。两股交锋的力量分别是国民党和共产党，他们争夺的核心是全国范围内的合法地位。为此，蒋介石和毛泽东都举起了民族主义的大旗。

在国民党一方，蒋介石主张道德复兴、国家统一和废除不平等条约。这位“大统帅”清剿了造成国内无政府状态的“军阀”势力，这一行动之所以得到大多数社会阶层的支持，在很大程度上是由于重振民族自豪感的努力创造了爱国主义浪潮。随着 1927 年中央政权在南京建立，蒋介石政府开始与外国就不平等条约进行重新谈判，驱逐满洲里的俄国人，建设现代军队，镇压共产党人。但蒋介石的努力因 1931 年日本侵华而被迫中断，1937 年中日两国陷入全面战争 [Fairbank, 1996, pp. 339-343]。

在中国人看来，日本的侵略战争可谓是国家百年屈辱的最苦难历程。[12]1937 年，国民党政府在迫使共产党退出中原地区之后，在工业发展取得初步成果之后，在

---

12. 日本在 1931 年占领中国的东北，之后宣布成立“满洲国”，作为其傀儡政权。20 世纪 30 年代上半叶，利用蒋介石把主要精力用于镇压共产党的机会（认为中国在内敌和外敌的两面夹击下而国力衰弱），日本帝国军事势力扩张到整个中国东北。

经受了苏联、美国和英国的外交压力之后，在意识到主张反抗日本侵略的舆论洪流有可能转化为反对其政治统治的浪潮之后，终于决定不再屈服于日本的强硬要求。

在中日双方巡逻队在北京城外的卢沟桥发生交火后（此事件由日本人一手炮制），蒋介石宣布不再采取忍让态度，抗日战争全面爆发。在此后的八年中，日本军队在沿海一线向南推进，试图迫使中国就范。当时中国最重要的通商口岸上海于 1937 年沦陷，当时的首都南京在 1 个月后也遭受了同样的噩运 [Garver, 1993, p. 19]。

日军于 1938 年 10 月攻占华中的武汉并进而占领广东后，到1940年已经控制了中国的主要城市以及北部、东部、东南部和南部的交通线，但这并不意味着日本对这些人口密集的地区实施了有效的管辖。除了中国正规军在中南地区的抵抗外，共产党人在中北部地区开展了抗击侵略者的游击战 [Fairbank, 1996, pp. 344-346, 378-382]。尽管国民党与共产党之间仍然相互敌视（导致武装冲突），但民族自豪感因外来入侵而倍受打击。这种情感促使敌对的双方在内战的阴影中同仇敌忾，一致对外 [Garver, 1993, p. 20]。

尽管日本偷袭珍珠港的美军基地标志着日本天皇开始在中国及其周边地区实施军国主义目标，但中国人特有的民族自豪感使他们看到了希望之光，就像 1912 年满清政府被驱逐时一样。毛泽东和中国共产党对此明察秋毫，他们不仅是革命者，也是能够取代国民党的力量（从理论的角度看，信奉马克思列宁主义意味着在受压迫者的革命中要采取国际主义者的姿态）。根据毛泽东的观点，要把中国从帝国主义统治中解放出来，就必须摧毁为外国利益服务的社会集团的势力（例如地主、资本家）。一旦“本国和外国的剥削者”被“革命所肃清”，中国人民就将“向世界展现他们的才智”[Garver, 1993, p. 21]。

起初，毛泽东作为民族主义者的形象被蒋介石的外交锋芒所遮蔽：德国与苏联在东部战线上的作战使中国得以重新掌控了新疆，之后当1944年日本在太平洋战场上战略进攻的溃败已成定局时，蒋介石又在美国、英国和苏联的支持下收复了东北和台湾。领土统一之路一帆风顺，直到1945年2月雅尔塔协定中莫斯科要求中国承认外蒙古独立并交出东北特权。实际上，在当时的情况下蒋介石很难拒绝苏联提出的、且由美国和英国担保的要求。但是，中国的舆论界对此不以为然，因为这不禁使人回想起那些在19世纪后半期签订的协议，公众的民族自豪感因协定的签署而再次受到打击 [Garver, 1993, p. 22]。

中国共产党利用这种形势对国民党的爱国主义提出质疑，指责蒋介石屈服于外国列强的利益。除此之外，中共还重提旧事，批评国民党在1931—1937年期间对日本的侵略没有给予坚决的回击，甚至在与日本全面开战后，政府也没有停止对共产党的敌视。这种形势产生了两个对共产党十分有利的结果：一是在民族主义的旗帜下壮大了革命力量，二是削弱了国民党内部主张再次发动内战的势力 [Garver, 1993, p. 22]。国民党政府的高官们不甘示弱，指责中国共产党是苏联的傀儡。甚至将日本人在东北建立的伪满洲国与中国共产党在中北部地区靠共产国际建立起来的苏维埃政权画上了等号。然而需要特别指出的是，毛泽东在共产党内部地位的提升恰恰是得益于抵制共产国际的控制 [Fairbank, 1996, pp. 382-387]。

1935 年 1 月的遵义会议后，毛泽东取代了党内的亲苏派（即王明领导的所谓“18 个布尔什维克”[13][14]），成为实权人物。1941 年 6 月德国入侵苏联后，苏联共产党对中共日渐式微的影响完全消失了。尽管毛泽东深知从务实的角度出发是不能割裂与苏联的关系的，但他也清楚如果中国共产党将自己的行动与苏联的利益捆绑在一起，“救国”大业注定失败 [Fairbank, 1996, pp. 388-398]。

毛泽东不依附于苏共对中国革命产生了两个积极的影响：首先，凭借民族主义者的形象，团结了党内大多数干部（王明的立场被视为苏联国家利益向中国的扩张，这损害了革命的思想体系）。其次，马克思列宁主义的汉化[15]，作为毛泽东在八年（1937—1945 年）的意识形态工作和延安苏维埃政权军事实践过程中理论形成的结果，提高了革命的号召能力（不仅在左翼知识分子中，而且在民族主义的思想家中）。

---

13. 此处应该是指历史上的“28 个半布尔什维克”。——译注

14. 之所以这样命名中国共产党内的亲苏派，是因为他们在莫斯科接受了培训，并且拥护苏联有关在远东地区进行共产主义革命的基本原则。

15. 这个词在汉学中是指使某种思想或行为具有中国特色（例如一种意识形态、一种政策或习俗和习惯等）。

无论是国民党还是共产党，都利用民族主义来巩固权力，而且在共产党内部民族自豪感也有不同的表现形式。研究中国政治制度的专家米歇尔·奥克森伯格(Michel Oksenberg)[16]认为1949年以来的中国领导层有四种形式的民族主义，每种都与中国的弱点和应对方式有关：

- “排外型民族主义者”，认为中国传统美德的沦丧是一切弊端的根源，而消除外来影响将使国家走上复兴之路；
- “热情型民族主义者”，他们对外来影响的作用持模棱两可的态度，因为他们从外国人的胡作非为中领悟出了自身衰落的原因，也从制约西方国家的行动中找到了振兴中华的药方；
- “进攻型民族主义者”，他们从外国的文化渗透和经济剥削中发现了中国的软肋，主张只有在对中国有利的情况下才能发展对外交往；
- “自信型民族主义者”，他们将中国的无能归咎于经济发展缓慢，因此就必须借助于一切手段扭转这种形势，比如加强对外联系（他们认为中国文化的内在价值能够避免一切“污染”）。

作为本节小结，可以肯定的是，在中国的大部分知识分子和领导人看来，中国拥有独特的文化，应在世界

16. 米歇尔·奥克森伯格(1938—2001)，美国政治学家，中国问题专家，曾参与推动中美关系正常化，著有《中国的发展经验》等。——译注

各国中占据特殊地位，而发展经济是必由之路，捍卫主权和收复失地是首要目标。尽管世界上的每个国家都把发展经济和捍卫主权作为追求的目标，但却很少有国家坚守文化的独一无二和国际社会承认的核心作用。对于世界如何变化以及中国过去和现在被赋予怎样的地位，中国有着独特的视角，它在中国领导层中作为“非正式的意识形态”存在。

第二节 战略文化

战略文化的发展是在中国刚刚建立王朝国家的时代就已经开始了，上至王侯将相，下至平民百姓，都视中国为最富庶、最辽阔、最强大、技术最发达的国家，所有这些优势将中国置于世界中心。这种“地缘战略上的核心性”成为中国自我形象认知的重要组成部分，尽管从 19 世纪后半叶起实际情况发生了逆转。

战略传统在毛泽东身上也有所体现，在他的背后常常能看到《孙子兵法》的影子，因此战略文化的历史遗产构成了从历史维度更好地理解中国战略思想的重要因素。在诸多内容中，本文将重点分析儒家思想、《孙子兵法》和中国的军事经验。

儒家传统，诞生于孔夫子（汉语中的称谓，公元前 551 年—前 479 年）教育思想的传播，它认为“决

保卫边疆

西汉驻军图（局部）

定一国强盛与否、防御能力高低与否的不是武力，而是君土的德行和礼治”，因此君王的道德权威比军事能力更重要。

虽然这看似一种理想主义，但却未因其实战性不足而显得微不足道，因为在中国古代，一国之君要治理的是一个在文化上千差万别的世界，这已经超越了由一国之都辐射全国的中国化（文化融合）的含义。因此，道德权威——被视为践行美德——居于物质力量之上，是治理国家的主要工具。对于这个特点，林蔚（Arthur

孔子雕像

Waldron）[17] 曾说：“时至今日，中国仍是一个难以通过武力来治理的幅员辽阔、人口众多的国家。西方战略家从各种指标上分析，认为应避免为争夺领土而在亚洲开战，但他们并没有考虑到中国的执政者自身就曾经面临过这样的问题。庞大的军队不足以征服中国，但这并不意味着武力不重要，而是说儒家学派中以德治国的思想赋予武力学说准确的意义。” [Waldron, 1997, p. 38]

孔夫子崇尚非暴力的治国之策，但他在这方面表达的思想也有着另一番含义,即那些拒绝臣服于帝王“仁政”的人都是没有德行者，甚至是反人性的。这种观点的存在阻碍了天朝帝国与所谓不愿归顺的“蛮夷”们之间建立联系。

儒家思想关于行使政治权力的理想化观点，实际上并没有成为政治行为的障碍，相反却曾作为“非正式的意识形态”为历史上发生的某些起义活动正名。根据林蔚的看法，现代和当代中国的决策者也运用了儒家理论来“掩饰信奉的价值观与正确的行为之间存在的落差” [Waldron, 1997, p. 42]。

相反，孙子作为生活在孔子时代不久之后的中国古典军事理论家——其学说被集结在《孙子兵法》[18] 中，对上述的儒家传统并不苟同，但其不少学说都倾向于使

17. 林蔚，美国历史学家，宾夕法尼亚大学教授，著有《长城：从历史到迷思》等。——译注

18. 成书于中国历史上群龙无首的“战国时期”。

武圣孙子雕像

用非暴力的手段达到获胜的目的。或许孙子最著名的思想就是“百战百胜，并非最高明之处，不战而降敌才是最高境界”[19]。这个名言有多种解释，最常见的一种就是认为必须误导和操纵敌人对战局的判断。

除了上述哲学外，孙子还总结了四个获胜的方法，按重要程度依次为：

“挫败敌人的战略意图，瓦解敌人的联盟，进攻敌人的军队，攻打敌人的城池。攻城，是不得已而为之的办

19. 即《孙子兵法》第三篇《谋攻》中的“是故百战百胜，非善之善者也；不战而屈人之兵，善之善者也”。——译注

法。”[20][Sun Zi, 3:4-7, 1971]

孙子的学说阐明了他如何理解战争给国家和人民带来的负担，还特别强调了对平民百姓的担忧——因为国民的过度牺牲势必导致他们丧失忠君之心，最后造成国家的衰弱。这位思想家认为，漫长而艰苦的战争后获得的胜利只能算是折半的福祉，“因为任何国家都无法从持久战中受益”[Sun Zi, 2:7, 1971]。

但是，仅从这些道理来理解孙子的思想是不恰当的。首先，除了“不战而降敌”的观点以外，《孙子兵法》更多的是论述如何作战。而且这种观点的用意不在于宣传不战的必要性，而在于阐明为了取得胜利必须要做好战前谋划。例如，孙子在其著作中指出：“取胜的军队在开战前已经获胜，只有注定失败的军队才会怀着获胜的希望投入战斗。”[Sun Zi, 4:14, 1971][21]

孙子的学说也不意味着他富有同情心。在将帅的五个致命且导致“军队覆灭”的弱点中，孙子认为其中之一就是“怜悯之心”。对此，他指出：“如果将帅慈悲为怀，就有可能自毁军队。”[Sun Zi, 8:22, 1971] 此外，优先考虑挫败敌人的战略意图或瓦解敌人的联盟，而不是进攻敌人的军队或城池的观点，也不意味着孙子主张避免用兵，而是说最好的情况是将上述谋略与用武之道

20. 即《孙子兵法》第三篇《谋攻》中的“故上兵伐谋，其次伐交，其次伐兵，其下攻城。攻城之法，为不得已”。——译注

21. 即《孙子兵法》第四篇《军形篇》中的“是故胜兵先胜而后求战，败兵先战而后求胜”。——译注

结合起来，以期达到预定的目标。

孙子还十分重视情报战（当时只限于间谍活动）。对此，他指出：

“英明的国君、智慧的将帅，之所以所向披靡，屡建奇功，其原因在于事先了解敌情。所谓‘了解敌情’，既不是靠求神拜佛，也不是靠照搬过去的经验，而是从了解敌情的人那里获得情报。” [Sun Zi, 13:3-4, 1971][22]

另外，这位著名的中国军事理论家还认为，尽管战争充满变数和离奇之处，但也应该在理性的轨道上进行。只要知己知彼，将帅就能够把握战局：“战场上双方战作一团，刀光剑影，看似混战，却不可方寸大乱……军队布阵时可能拖泥带水，但不能偏离方向。” [Sun Zi, 5:17, 1971] 这里的关键之处在于组织，秩序正取决于此：“治理大军团就像治理小部队一样……这是组织的问题。”[Sun Zi, 5:1-2, 1971] 将帅能否控制好战场秩序的另一个因素在于不能受到荣辱观的左右 [Sun Zi, 4:11, 1971]。

最后，还有一段话可以说明孙子将使诈作为战场上的重要武器：

“战争，就是一种诡诈之术……能战时却佯装软弱，能动时却佯装怠惰……在近处时却装作遥不可及，在远处时却装作近在咫尺……向敌人抛出诱饵引其上钩，佯

22. 即《孙子兵法》第十三篇《用间篇》中的“故明君贤将，所以动而胜人，成功出于众者，先知也。先知者，不可取于鬼神，不可象于事，不可验于度，必取于人，知敌之情者也”。——译注

装乱作一团，而后一举灭敌。要激怒敌方将帅，扰乱其心智，表面卑躬屈膝，实为激发其骄横之心，最后攻其不备……这些是指挥家制胜的秘诀。”[Sun Zi, 1:17-20, 22-23, 26-27, 1971][23]

使诈意味着不仅要向敌人掩盖真实的信息，而且还要诱导其作出行动，使己方受益。

关于中国的军事经验，现存的文献大多认为古代中国善于利用外交手段，如“分而治之”、举行册封仪式、中国公主与部落酋长的和亲制度、赏赐礼品和贵重金属等。这些做法是为了安抚分布在周边地区的蛮族，使之归顺或至少不对朝廷怀有敌意。

拉尔夫·索耶（Ralph Sawyer）[24]曾对中国倾向于使用外交手段而不是军事手段来解决国家安全问题的传统进行过研究。他指出：

“尽管历史上蛮族入侵频繁、军事威胁不断，中国王朝却很少使用军事手段。信奉民族中心主义的帝王将相们更愿意相信文化吸引力能创造神话，认为中国文明的优越性能够消除蛮族的敌视。有了贡物，那是文明生活的象征，动听的音乐和如花的女子，即使最敌对的民族也能和解。如果汉人得不到其他民族的臣服，也收买

---

23. 即《孙子兵法》第一篇《始计篇》中的“兵者，诡道也。故能而示之不能，用而示之不用，近而示之远，远而示之近；利而诱之，乱而取之……攻其无备……此兵家之胜……。”——译注

24. 拉尔夫·索耶，美国历史学家，主要研究中国战争问题，曾将中国古代兵书译成英文，汇编成《武经七书》。——译注

不了他们的归顺，那么就会将这些游牧民族视为敌人，对其采取‘以夷制夷’的策略。”[Sawyer, 1996, p. 3]

对于如何对抗威胁，中国历史提供了大量经验，但并非所有的实践都遵从于儒家传统或孙子思想。迈克尔•斯旺（Michael Swaine）和阿什利•特利斯（Ashley Tellis）（拥护斯宾格勒[25]模式）等学者认为，中国的行为是一种周期性模式，与王朝的兴衰有很大关系。王朝建立之初，内部秩序占主导地位，朝廷诉诸武力以巩固（或强制推行）对战略要地的控制。以上学者认为始终存在着五个令人担忧之处，在中国历史上对其战略思想产生影响：

◆通过控制边疆地区保护“中原”，这些边疆地区的地理界限模糊不清，也无法长治久安；

◆利用有限的兵力对抗外敌，以控制边疆、保护“中原”；

◆由于国力时强时弱，边疆地区也随之时而扩张、时而收缩；

◆相信非暴力手段可以平定边疆；

◆宫廷政治（皇帝的地位或官僚斗争）对制定安全战略有显著影响。[Swaine y Tellis, 2000, p. 21]

下面，我将对这五个问题做些浅显的分析。“控制边疆”，是出于保护“中原”的目的，后者包括中国东部、

25. 奥斯瓦尔多•斯宾格勒，德国著名历史学家、哲学家，著有《西方的没落》《普鲁士人民和社会主义》等。——译注

秦始皇

中北部和中南部，也就是汉族聚居的“中国本地”。“中原”北起黄河及其支流，南到长江及其支流，东临黄海、东海和南海，西接塔里木和柴达木的戈壁沙漠和干旱草原。

这里 90% 的居民是汉族，这是构成中国人的主要民族。它的远古祖先居住在黄河中游的河谷地带，最早可以追溯到公元前 21 世纪（当时建立了夏王朝）。在此后经历的 11 个朝代更迭中，邻近的居民陆续迁入，并促成了国家政治上的统一（建立帝国）。秦始皇[26]于公元前

26. 汉语中的含义是“秦朝的第一个皇帝”。秦国是周朝末年“战国”时期最终获胜的国家。

221 年完成了统一中国的大业，在共同语言、共同文字、相同血统和社会组织（氏族）、信奉儒家思想的基础上形成了一个民族（中国人或“华人”）。

要想捍卫“中国本地”或中原，就必须对周边区域，如边疆地区施加影响或控制。这里是指现在东北方向的东北三省和朝鲜半岛、北方的外蒙古和内蒙古、西北方向的新疆、西南方向的西藏，以及南方的缅甸、老挝、泰国和越南这几个国家的北部地区。值得注意的是，除了宋朝末年、明朝的某些时候，以及整个清朝，海岸线都不是中国的战略关注重点。

为控制边疆地区，中央政权采取了武力占有、政治经济支配等各种手段，这种支配常常表现为通过举行带有高度象征意义的仪式来证明蛮族逐渐归顺、臣服朝廷。于是双方建立了贡奉关系，明确了以儒家学派“中国中心论”思想为基础的新的等级秩序。

保卫“中原”的措施包括在边境修建防线，并派遣军队守护。此类防御系统最典型的代表非长城莫属，它地处北部边境，用以抵御游牧部落的进攻。[27] 这些防御工事的优势在于维护保养的成本低于派军队驻守。[Swaine y Tellis, 2000, pp. 22-27]

值得一提的是，19 世纪初期中国的封建王朝通

---

27. 主要指蒙古人、契丹人、女真人、西夏人等，汉语中他们被称作“匈奴”，英语中的 hun 一词正来源于此。

28. 例如西藏和新疆。

长城

过军事占领[28]或汉化（文化融合）的手段，以及后来的人口迁移[29]（以此中心国家的疆域面积达到了历史最高水平），将部分边疆地区纳入了中原的版图，但朝廷并不想控制更多、更远、环绕中原的边疆地区，因为中原刚刚得到巩固。迈克尔·亨特（Michael Hunt）[30]认为这主要是由于中国人缺乏对外扩张的野心 [Hunt, 1984, pp.32-35]，而欧文·拉铁摩尔（Owen Lattimore）[31]则认为这与中国的财力不足以发动大规模的军事行动有关 [Lattimore, 1979]。

29. 例如内蒙古和东北三省。

30. 迈克尔·亨特，美国历史学家，著有《意识形态与美国外交政策》等。——译注

31. 欧文·拉铁摩尔（1900—1989），美国著名汉学家、蒙古学家，曾任蒋介石的政治顾问。——译注

关于“较少使用武力”这一点，首先需要指出的是，分布在中国边疆地区的游牧部落和弱小国家，虽然对中原的安全构成了重要威胁，但是（1）他们的经济社会组织形式为游牧或半游牧，主要靠放牧为生，（2）他们擅长骑马作战，（3）其政治制度无法为本民族提供超越本土的战略远景规划。

这些因素导致他们只能发动一些抢夺和扫荡边疆村镇的进攻（利用骑兵移动迅速的特点，对抗机动性较弱的中国步兵），而不谋求占领全中国。[32] 因此，只动用少量的兵力，就可以使蛮族不过于靠近，又遵从了儒家学派有关一国之君应贤明通达的教诲。

在以合理的方式诉诸武力，即将其作为不得以而为之的下下策的同时，皇帝会利用非暴力的策略（例如巧言善辩、耀武扬威等）来征服或说服其对手，但是，其原因何在？儒家学说倡导建立公正的统治，因此施德和劝解比强迫更高明。相反，孙子强调的是如何不战而胜，即使用策略为先，动用武力为后。中国古代的战略思想是建立在此学说基础之上的，除此之外还应研究历史上中心国家动用武力的频繁程度。

这个指标能够使我们认识到，尽管不经常诉诸武力，

32. 两个例外是成吉思汗于 1206 年建立的蒙古汗国和努尔哈赤在 1589 年建立的满洲国（指统一建州女真——译注），他们的后代（分别为忽必烈和皇太极）发动了历史上唯一的两次扩张图谋，最终建立了外族王朝（1279—1368 年的元朝和 1644—1911 年的清朝）。

但帝王们为解决国家安全问题仍会使用暴力手段。根据中国军事史专家李春坤（Lee Choon Kun）[33]的统计，从秦朝建立到1912年封建制度瓦解，中国在边疆地区共动用武力46次。相比于2000多年的历史，这个数字不足为奇，其中大部分发生在各个朝代最初的三分之一时间里（但这个时段在某些朝代曾长达百年，例如唐朝、宋朝、明朝和清朝）[Lee, 1988, p. 362]。

此外，在大多数动用武力的情况下，朝廷都会派遣大量兵力。据李春坤的统计，每次战役平均出兵数量达到10万人[Lee, 1988, pp. 210-212]。这说明，一旦皇帝决定动用武力，就会不遗余力。上述研究还证明，46次出兵的主要原因在于从蛮族手中收复边疆失地。其次，伴随动用武力的是惩罚性的措施，以报复对帝王权威或其臣民的冒犯。最后，一半以上的出兵是针对北部边疆的敌人，他们主要是游牧部落和牧民（不同于东部和南部边疆，那里的民族安居乐业，对“天子”俯首称臣，以礼相待，并交纳贡品）[Lee, 1988, p. 232]。

需要强调的是，帝国的军力虽然在数量和军备上占据优势，并且有相对强大的经济后盾，但并非每战必胜。托马斯•巴菲尔德（Thomas Barfield）[34]认为，原因在于皇帝及其朝臣对蛮族的攻防要塞缺乏深入的了解，结果

33. 李春坤，韩国经济研究院学者，主要研究国家安全问题。——译注

34. 托马斯•巴菲尔德，美国波士顿大学教授，主要研究欧亚大陆的游牧民族，著有《危险的边疆：游牧帝国与中国》等。——译注

在那里面对的是一马平川的干旱原野，敌人精湛的马术，以及前线与后防之间的一步之遥，这些使得敌人的军需补给线较短，也更有可能重新结集并在短时间内发动反攻 [Barfield, 1989, p. 122]。

关于在边疆地区扩张和收缩取决于国力变化这一点，可以从中国战略思想的另一个警示“外乱内患”讲起。这个词的意思是“在外部环境不安定的情况下，内部环境又遭遇祸患” [Swaine y Tellis, 2000, p. 33]。历史上，中国曾多次发生因国家疏于对边疆的控制，结果招致更加强大的外来威胁的情况。这些威胁常常导致中原地区受到围困，因此忽视边疆的后果被视为一种祸患。对边疆重视与否与朝代的兴衰也有很大关系 [Swaine y Tellis, 2000, p. 34]。

汉、唐、明、清等时期，在边疆地区维护安定的军事行动都发生在中原的政权得到巩固之后。只有秦朝（公元前 221 年—前 207 年）和隋朝（581—618 年）例外，这两个朝代是在内讧和排除异己的过程中建立起来的，因此在执政初期已经没有必要将内部环境作为治理的重点（朝代建立后随即处理边疆事务）。

根据迈克尔•亨特的研究，巩固中央政权在边疆地区地位的重要事例是汉武帝时期（汉朝）对新疆、华南、印度支那北部、东北三省南部和朝鲜半岛北部等地区发动的征战；唐太宗时期（唐朝）对中亚、蒙古、西藏、印度东北部和朝鲜半岛北部发动的征战；明洪武和明永乐年间（明朝）对东北三省南部、中亚、蒙古、缅甸和越南发动的征战；康熙和乾隆年间（清朝）对台湾、西伯利亚东南部、蒙古、中亚、西藏和尼泊尔发动的征战[Hunt, 1984, pp. 55]。

这些征讨行动，除了出于保卫中原免受突然袭击的考虑以外，还有以下三重目的：

◆消除对陆地边疆地区和连通部落或邻国的商路真实的和潜在的威胁；

◆威慑或说服上述地区接受中国主权（之后接受文化融合）；

◆在中原的属地强化帝国权威。

因此，即使是扩张边疆的行动也是出于防御的目的，旨在消除对外部安全造成的威胁，因为它们有可能对国内局势产生意想不到的后果。但是，1279—1368年蒙古人的“天子”统治时期却是个例外：当时的元朝，试图通过对印度、缅甸、爪哇、整个朝鲜半岛，甚至日本的军事讨伐，将其统治扩大到比祖先确立的边疆更远的区域。之所以存在这种野心，是因为征服中国只是蒙古人控制欧亚大陆战略的一部分。

边疆地区的收缩，一般发生在各个朝代最后的三分之一时间里，这证明了它与政治上的衰落有很大关系。这个时期，国库空虚，朝政怠惰，其原因有三：一是与统治阶级相勾结的地主搜刮了大量民脂民膏，二是昏庸无能的皇亲国戚、觊觎政权的朝廷官员和宦官嫔妃之间勾心斗角，三是腐败和宫廷争斗削弱了国家的治理能力。

这种局面造成税赋过重（抵制的表现是爆发起义），频繁的起义又要求征收更多的捐税用以支付平定秩序所需要的开支。因此，统治阶级既没有财力也没有精力顾及边疆事务，边疆地区的收缩就在所难免了。

大多数的朝代在这种情况下会动用地方兵力或采用赠礼、封官、举行仪式等非强制性的手段，确保蛮族的归顺。但最坏的情况也会发生，即朝代的衰败造成了边疆地区的收缩，导致蛮族发动大规模入侵以掠夺和侵犯边民，地方官员、军队将领和农民起义军也都获得了更大的自主权。

一个朝代的覆灭在大多数情况下都是由于中原的分裂割据、各种势力为抢夺政权相互倾轧造成的，或是因为涌现出了以某个成功领袖（他既可能是地方军队的首领，也可能是农民、僧人或外来侵略者）为代表的新制度。在这种情况下，新的朝代在原有朝代的废墟上拔地而起，一旦政权得到巩固，就会开始新一轮的扩张和收缩周期[Swaine y Tellis, 2000, pp. 37-39]。

为平定边疆而采取的非暴力手段包括修建由步兵驻守的大型防御工事，以及采取怀柔和绥靖政策等。这些手段与发动战争相比，代价更低，效果更好，而且更符合儒家思想。这样一来，国家就可以把财力用于维护国内发展和秩序，并且利用对“天下”太平的赞誉表明称帝的合法性。

最常用的非暴力手段包括通商、加官进爵、献礼、举行典礼以示友好（或至少表明不会兵戎相见）、皇家公主与部落首领通婚（被视为“以和亲换和平”的策略）、结盟、挑唆蛮族之间相互对立（汉语中的“以夷制夷”），以及文化融合。文化融合的重要性在于能够劝导蛮族接受来自截然不同的社会文化环境的、传统的等级秩序和中国中心论的思想。

这些手段通用于帝国发展变化进程中的任何阶段，包括某个朝代的鼎盛时期、稳定时期和衰落时期。除了对敌对势力采取的绥靖政策以外，这些手段产生的效果包括：明确了以中国为中心的秩序是完全可行的，确立了儒家思想在中原地区的合法性，发展了与几乎整个大陆的贸易关系，[35] 加强了中华帝国在整个国际体系中的主角地位，建立了一条环帝国的“防疫带”或安全隔离带。

但是，在受益的同时，中国皇帝不得不派兵保护属地，而且还在被同化的蛮族王国不自觉地形成一种权威[36]（这可以帮助受益者在周边区域获得某种主角地位）[Hunt, 1984, p. 15]。

最后，如果关注到以下因素，就会发现宫廷政治对安全战略制定的影响是确实存在的：控制边疆以保卫中原的指令、合理用兵的惯例、使用非武力策略的传统。

---

35. 从这里可以发现开发“丝绸之路”的背景，这条商路始建于汉朝，一直延续到清朝初期。

36. 因为被视为隶属于中国的具有自治性的政治体。

某些情况下，宫廷政治对安全战略的制定甚至可以起到至关重要甚至超乎情理的作用。关键在于皇帝的秉性和权臣的争斗，那些官吏在巩固权力和/或倾轧对手的内斗中无所不在。

在一种像中国封建王朝那样具有高度个人化的政治制度下，无论是决策者（即皇帝）还是其幕僚或者决策的实施者（官吏），都有能力提出、改变甚至歪曲具有战略意义的决策，这样做只是为了削弱对手的地位、调动支持力量、维护或打击某些利益和信仰，以及巩固自身地位。

不管是什么原因，宫廷政治的影响力在乱世中或魅力型领袖出现时往往是最大的。例如，有些学者认为动用武力（不符合儒家传统）在某些情况下是权臣争斗引起的，在一个朝纲不严、机构软弱、动荡不安且前途堪忧的政治制度下，这类争斗会愈演愈烈 [Waldron, 1990, p. 47]。

在中国封建历史上，无论是决策者还是官吏，在做出决策时都要面对两大难题：一是主张自力更生还是对外开放；二是使用强制手段还是非强制手段控制边疆。有时这两类争论相互关联，因为主张自力更生者通常认同以非暴力手段管理边疆，而主张对外开放者通常将武力作为自我保护的手段 [Hunt, 1996, pp. 24-25]。

尽管在确定一个国家的对外政策时这类争论总是如影随形，但在中国封建王朝时期它们受到了更加特殊的重视，其原因在于“中心国家”在亚洲大陆国际体系中占据的关键地位、对“外乱—内患”学说的深信不疑、实现经济自立的长期困扰，以及因地理原因造成的北部和西部边疆的脆弱性等。信奉正统儒家思想的皇帝及其幕僚们，认为对外开放（即与蛮族——更确切地说是那些不承认中国传统秩序优越性的族群——保持长期往来）将削弱现行的政治和社会制度，败坏民众道德，引发经济危机，助长目无法纪，破坏和谐氛围，导致秩序混乱。

从实用政治的角度看，保守派的官吏们认为打开国门还意味着把权力交给了那些与商人关系密切的朝臣。这个儒家思想的派别曾提出，为抵御一切外来的物质和精神威胁，中国应充分相信臣民的勤劳、智慧和忠诚 [Hunt, 1996, pp. 20-21]。

主张开放的决策者和官吏是在 19 世纪鸦片战争之后面对中国的现实才涌现出来的。他们认为一个软弱的中国需要引进外国的知识和技术才能逐渐建成一个强大的国家，这不一定意味着要卸下自身背负的文化重任 [Hunt, 1996, p. 25]。[37]

关于采用强制性还是非强制性手段管理边疆的争论，如前所述，儒家思想的拥趸者反对使用武力，因为在他们看来，德治是更高明、更公平的手法。同时，这些决策者和官吏还认为频繁动用武力会导致中原的政权滥用行政资源和财富，也容易激化与朝廷中重商者（主张对外开放）之间的矛盾。

37. 改良派的思想在本书前面部分已经涉及，请参见“保持文化本质必要性”的有关章节。

骆驼俑反映了初唐时期丝绸之路的盛况

不可思议的是，这种争论对政治以外的问题也产生了影响：从唐朝开始，通过丝绸之路进行的通商活动得到了加强，海上交往（与印度和阿拉伯地区）也日益频繁和扩大 [Barfield, 1989, p. 91]。尚武者和军人出身的皇帝志趣相投，无论后者本身是军队领袖，还是通过武装斗争夺取政权 [Swaine y Tellis, 2000, pp. 92-94]。

作为本节结论，可以肯定的是，中国的战略文化，主要以孔子、孙子等思想家的理论贡献，以及 2000 多年前为缔造封建王朝而积累的军事经验为基础，蕴含了一系列规则定律，潜移默化地影响着当代的战略决策者及其智囊团。

首先，儒家思想中对德治优于武力的判断对孙子有关不战而降敌、运用障眼法的学说，以及优先考虑非武力手段管理边疆的军事经验都产生了影响。

其次，孙子思想中有关合理用兵必要性的观点，也起源于孔家学派，并且体现在中国千年来形成的“重外交、轻军事”的传统中。除了以上两位思想家的贡献外，历史经验本身也孕育出既耐人寻味又大有裨益的战略性学说，例如通过控制边疆保卫中原（来自“外乱导致内患”的观点）、挑唆“蛮族”之间的争斗，以及在对外开放的反对者与拥护者之间形成制衡。

最后，带有孔子、孙子思想印记或产生于军事经验的各种主张，被烙印在中国战略思想的其他特征中：带有道德主义特征的外交政策的影响、缔结战略同盟的倾向、“积极防御”的安全战略。本书后文将对这些内容做进一步分析。

第三节 借古鉴今

下面将引述更多的中文资料，介绍中国知名分析家如何看待历史对当今国际形势的影响（他们的成果不仅体现在学术方面，而且为领导层提供了决策依据）。

需要指出的是，相关文献中引用了大量公元前 5 世纪末到公元前 3 世纪初“战国时期”的史料，当时的中国正值周朝衰落阶段。在无政府状态中（西方世界也处于相同的状态），各诸侯国为争夺中央权力而相互对立，武力、外交手段和障眼法无所不用。用这个历史时期来分析当前形势的一个重要前提就在于如何争当“霸主”，它试图主宰其他正在崛起、但尚且无法与之抗衡的重要力量。

有些中国学者认为，冷战结束后国际体系的未来由于种种原因体现出与“战国时期”非常类似的特点。国防大学战略研究室的刘春志将军认为,《孙子兵法》是“中国 2500 年前形成的多极化构想的产物”，因此“孙子所处的时代与当前的多极化格局存在很多相似之处”[Liu Chungzi, 1995, p. 136]。

中国军事科学院前副院长高锐将军认为,战国时期,“距离现代是非常遥远的，……却至今闪耀着真理的光辉”，因此“我们祖先留下的宝贵遗产发出了更加耀眼的光芒” [Gao Rui, 1995, p. 2]。

学者们认为，战国时期的重要价值在于，对诸侯国各自战略的研究有助于评判多极环境中各种势力的意图和能力。中国军事科学院研究毛泽东军事思想的黄迎旭大校，曾收集了秦始皇（打败其对手，统一中国，建立秦朝）的谋士李斯的有关史料，认为“要想取胜，就要对政治变化进行考量和了解，否则就只能预测、感觉和猜测” [Huang Yingxu, 1996, pp. 121-125]。

了解当今国际体系的关键之处在于明确参与争斗的主要势力处于哪个等级，这可以通过计算“综合国力”

38. 综合国力可以用 5 个必要的变量来确定，以衡量一个国家在整个世界中所处的地位：在国际政治中的等级、盟友和对手的实力、发动所谓“军事革命”的能力、多边主义变化和霸权力量衰落、赢得战争的机会。

加以分析。[38] 虽然这个概念形成于 20 世纪 80 年代，但其根源可追溯到中国传统思想。其组成要素包括领土、自然资源、军事实力、经济实力、社会条件、政治稳定性和国际影响力 [Huang Shuofeng, 1992, p. 7]。

孙子曾以“五事七计”（五事包括政治、军事、经济、地理和领导地位）来判定战争的结果，这一思想被战略家吴子完善。吴子认为如果敌人在六个方面占优（领土、人口、法律制度、军队、奴隶和外援），就应该避免战争。中国军事科学院的吴春秋教授认为，“在孙子和吴子考察的因素中，可以找到综合国力概念的根源”[Wu Chunqiu, 1995, p. 98]。

和过去一样的是，一些当代的中国战略家也认同对外交往中使用非武力手段的观点。吴春秋就认为，“一个国家通过对综合国力的了解，就可以采用外交和政治攻势，从心理上瓦解敌人、征服敌人 [Wu Chunqiu, 1995, p. 99]”。

战国时期的史料说明，那些急于成为霸主的势力常常是他人攻击的对象，最终陷入国土丧失，甚至国家灭亡的境地。只有懂得等待时机、缔结盟约、关键时刻奋力一搏的人才是最后的胜者。

中国改革开放的总设计师邓小平，曾在中共中央政治局常务委员会会议上，根据战国时期的历史，提出了一个战略性的概念，他认为中国应该“韬光养晦”[Peng Guangqian y Yao Youzhi, 1994, p. 23]。

邓小平的继任者、中华人民共和国前主席、中国共产党前总书记江泽民，则用 16 个字概括了上述思想的具体做法，即“增加信任、减少麻烦、发展合作、不搞对抗。”[Lu Zhongwei, 1997, p. 9]

这一表述传达出的含义是中国还没有能力应付一场旨在争夺战略要地或自然资源的战争，因此应该等待时机，以退为进，立足长远。中国军事科学院前副院长糜振玉将军曾提出，中国的综合国力将在 2030 年超过美国，因此“中国领先其他国家的时刻尚未到来”[Mi Zhenyu, 1988, p.124]。

根据这种观点，打败霸主只是时间问题，就像战国时期一样。中国现代国际关系研究院对外政策研究中心前主任阎学通的看法可以作为重要的补充：“最高明之处在于坚持不懈、小心谨慎：保持 9% 以上的出口年平均增长率，避免与美国对抗，至少在 10 年之内避免卷入战争。”[Yan Xuetong, 1997, pp. 18-23]

还有一些学者虽然认同战国时期的经验教训，但得出的结论却不甚乐观。中国现代国际关系研究院的张文木研究员认为，“霸主需要资源来保持地位，主要是中亚地区的油气资源”，这导致目前美国“加紧扩张北大西洋公约组织的势力范围、干涉西藏、重构与日本的防务合作。”

张文木还指出，这与第二次世界大战时期如出一辙，当时“只要日本不破坏补给线，霸主就不与之对抗”；同样的一幕发生在 1990 年，当时华盛顿“已经察觉到”伊拉克向北部和西部的扩张，“当巴格达政权瞄准科威特和沙特阿拉伯时”，美国的态度马上发生 180 度的大转弯。

张文木认为，美国对中亚地区的资源蓄谋已久，它将利用北约的扩张干涉西藏问题,并促使西藏寻求独立，“这将对新疆产生影响，如果我们还记得苏联的解体就发生在波罗的海国家独立之后，那么所有这一切将使中国陷入危险的境地”。此外，“由于美国和日本控制着印度洋和太平洋的航道，中国的海上油气供应将困难重重”[Zhang Wenmu, 1998, pp. 100–104]。

战国时期的经验教训仍适用于中国对当下国际体系分析的另一个例证来自知名学者何新，他的民族主义观点曾引发争议。他认为应该“吸取历史的教训”建立反霸主同盟，他指出：

“当今世界形势与战国时期十分相似，六大强国[39]面对一个超级大国的格局已经形成……霸权国家为称霸全球，将不惜牺牲其他国家的利益、独立和主权。战国初期,六国抗击了秦国的威胁,但后来纷纷接受秦的保护,结果在 10 年之内土崩瓦解。中国与反对美国霸权的国家结成同盟的时机已经到来，须知敌人的敌人就是我们的盟友。美国在世界其他地方遇到的反抗越多，它就越难以集中力量对付中国。”[He Xin, 1996, pp. 40–42]

中国社会科学院研究员刘靖华根据战国时期的经验

39. 何新认为这六个国家分别是日本、中国、俄罗斯、德国、法国和英国。

教训得出如下结论："到 2030 年，韬光养晦对于中国而言已经远远不够了，因为美国将竭力阻挡中国。到那个时候，我们必须构筑新的长城，即与其他国家的联盟，其中俄罗斯将是一个决定性因素。" [Liu Jinghua, 1994, p. 119]

中国军事科学院前副院长李际均将军曾指出，"与历史上所有的霸权国家一样，美国根据国际体系多极化的特点，采取了'战略误导'"。李将军还指出，"……以同样的方式导致了苏联的解体，即通过没有真正付诸实施的计划，就像星球大战迫使莫斯科增加军费开支的做法一样——这就是战略误导的一个手法；萨达姆·侯赛因之所以出兵科威特，是因为听信了美国驻伊拉克大使的煽动性言论，后者的目的是压制伊拉克在海湾地区日益增长的实力……如果一个国家无意识地受到战略误导，那么就意味着失败，甚至解体。" [Li Jijun, 1997, pp. 8-15]

在 1999 年春天北约"误炸"中国驻贝尔格莱德大使馆后，香港的《星岛日报》曾就此次攻击事件对中国人民解放军高层将领进行了一系列采访。很多受访者都表示，"美国的意图是从战略上误导中国，就像对前苏联实施的战略一样，原因在于用这种挑衅和其他行为，如战区导弹防御系统，试图将中国拖入一场消耗巨大的军备竞赛，最终不费一枪一炮击垮中国" ["China Must Be Ready…" 1999, p. B14]。

作为本节的最后思考，可以断言，对战国时期历史的大量引用充分说明中国人对吸取历史教训的特别重视。此外，对这个时期的浓厚兴趣，除了它能够提供重要借鉴的原因以外，还缘于它与当前多极化形势的相似性，以及人们对竞争环境中面临选择的关注，这种竞争是由多重势力与单个霸权国家的对垒造成的，后者的意图在于压制一切对抗。

秦国作为战国时期的强权国家，最终建立了一个统一的朝代，缔造了中国第一个封建王国，并且使“中心国家”的辉煌开始得到世界的瞩目。[40] 正因为如此，才会提出下面的疑问：当今中国的战略分析家们在多大程度上下意识将秦国与现在的中国联系在一起，渴望他们的国家像当年的秦国一样，成为冷战结束后世界多极时代的胜者。

第四节　中国的“新型安全观念”

历史给中国战略事务的决策者及其智囊团留下的教训，似乎已经体现在中国国务院新闻办公室于 1998 年 7 月发布的国防白皮书《中国的国防》第一部分中。在此部分中，“新观念”在“国际安全形势”的标题下得到阐述，虽然在此前的一年半时间里它已经在中国领导人与东南亚国家联盟、俄罗斯联邦、日本和澳大利亚领导

40. 西方国家对“中国”这一称谓的起源有多种解释，其中之一与秦朝名称的发音有关。

人之间的高层会晤中有所提及 [Finkelstein, 2003, p. 197]。

这份文件的意义在于弥补了长期以来一直缺少由中国发布的有关国际形势“白皮书”[41]的缺憾，而且它并非一部只关注世界政治的文件。举例来说，在中国从1991年11月到2001年11月发布的29种白皮书中，只有9种涉及国际问题（比如1993年8月的《台湾问题与中国的统一》、1994年6月的《中国知识产权保护状况》、1995年11月的《中国的军备控制与裁军》、1997年3月的《关于中美贸易平衡的问题》、1998年3月的《中国海洋事业的发展》、1998年7月的《中国的国防》、2000年2月的《一个中国的原则与台湾问题》、2000年9月的《中国的国防》、2000年11月的《中国的航天》）[Information Office of the State Council…, 1996, 2000 y 2002]。

首先，这部分的分析提到，在当今国际体系中，“各种力量出现新的分化和组合，大国关系正经历重大而深刻的调整”[Oficina de Información del Consejo de Estado…, 1998, p. 3]，这表明中国对外部环境的“失序”以及可能对内部环境造成的影响十分关注（即所谓“外乱内患”）。这个观点在第六页得到进一步解释：“在世界和地区范围内仍存在一些不安定因素……霸权主义和强权政治仍然是威胁世界和平与稳定的主要根源。”

其次，白皮书指出，“在新的国际安全环境中，世

41.“白皮书”是指由政府发布的、旨在就某些引发争议的问题向国际社会提供信息，如军费开支、人权状况等的正式官方文书。

界多数国家注重运用政治、经济和外交等手段解决争端”，后面又补充道：“国家间经济联系不断加强，以及采取和平方式解决分歧……已经成为大势所趋。”为强调表达的观点，文件还指出：“安全不能依靠增加军备，也不能依靠军事同盟。”[Oficina de Información del Consejo de Estado…, 1998, pp. 4-5 y 7] 这些结论明确了中国更愿意采取非武力手段的倾向，这也是世界其他地区出现的潮流。这一观点在紧接其后的段落中得到了进一步验证：

“经济安全在国家安全中的地位日益重要……经济因素的作用更趋突出，国家间经济联系不断加强……发展经济是各国的首要任务。”[Oficina de Información del Consejo de Estado…, 1998, p. 4]

之后，在谈到综合国力问题时，白皮书引用了经典思想：“以经济和科技为主的综合国力竞争进一步加剧。”可以想象，在接下来的段落中对国际安全新环境的描述包括了多极化特征以及主要势力进行的操纵：“多极化趋势加快发展，大国关系出现战略性调整。”[Oficina de Información del Consejo de Estado…, 1998, p. 5] 随后白皮书就像分析战国时期一样，对霸权国家自身的缺陷进行了批评：“有的国家依仗军事优势对他国进行军事威胁，甚至武装干涉；不公正、不合理的国际经济旧秩序仍在损害着……”[Oficina de Información del Consejo de Estado…,1998, p. 6]

接下来，这部白皮书介绍了冷战结束后国际形势的现实："恐怖活动、武器扩散、走私贩毒、环境污染、难民潮等跨国问题，被视为国际安全的新威胁。" [Oficina de Información del Consejo de Estado…, 1998, p. 6]

为了获得永久的和平，文件提出如下可供思考的建议："在相互尊重主权和领土完整、互不侵犯、互不干涉内政、平等互利、和平共处五项原则基础上建立国与国之间的关系。" [Oficina de Información del Consejo de Estado…, 1998, p. 7] 这些原则确确实实就是由周恩来在1954年对印度进行正式访问期间提出的"和平共处五项原则"，它们最终列入了周总理与印度总理贾瓦哈拉尔·尼赫鲁（Jawaharlal Nehru）共同签署的联合公报中。[42]

在第一部分结束前，文件一如既往地影射了台湾问题，这是中国战略思想伦理主义特征的写照，是中国人在民族自豪感的支配下确立的国家中心主义的结果。文件明确表示："中国高度重视安全、稳定、和平与发展……中国的战略目标是自身的稳定与繁荣，周边地区的和平与稳定，与各国开展对话与合作。" [Oficina de Información del Consejo de Estado…,1998, p. 8] 上述观点得到了进一步重申：

"中国致力于与各国平等相待，友好合作，重视

42. 此后在日内瓦关于印度支那的会议（1954）以及万隆的亚非国家会议上得到重申，由此获得了广泛的公众认知 [Garver, 1993, p. 121]。

发展健康稳定的关系，积极参与经济合作，坚持以和平方式处理和解决国家间的争端，积极参与地区安全对话与合作进程……中国政府愿同所有国家建立和发展友好合作关系，并愿为维护世界和平作出不懈努力。”[Oficina de Información del Consejo de Estado…, 1998, pp. 8 y 10]

这份文件阐明了中国如何看待国际体系的主要特点，正如前文所述，它证明了中国战略思想的历史传统因素对中国的战略智囊团和决策者是存在影响的。

除去这个事实，中国领导层发布这份文件的目的何在？ 20世纪90年代后半期，冷战结束后新的国际秩序的形成，以及美国试图巩固主导地位的尝试，使北京不得不以一种替代性视角去讨论世界各国应向何处发展、如何实现国际安全的问题。

这种观念上的需要成为同期中国一系列外交行动的补充，例如1997年3月在东南亚国家联盟地区论坛上的声明、江泽民主席与鲍里斯•叶利钦（Boris Yeltsin）总统于1997年4月签署的中俄联合声明、中国外长钱其琛在同年12月纪念东南亚国家联盟成立30周年大会上的演讲、中国国防部长迟浩田在东京防卫研究所和位于堪培拉的澳大利亚战略研究与防卫学院的演讲（均为1998年2月）。其中江泽民与叶利钦签署的中俄联合声明号召采取“新型的、普遍适用的安全观念”，而钱其琛外长和迟浩田部长在各自的演讲中勾勒出“新型安全观念”的轮廓。因此，

《中国的国防》白皮书第一部分虽然以“国际安全形势”为题，但实际上阐述的是“中国的新型安全观念”。

诉诸新的安全观，与中国对两极格局终结后出现的各种情况感到失望与失落不无关系：

◆以单极化为特征的国际秩序的形成；

◆美国保持在东亚地区的军事存在，以保证该地区获得经济繁荣；[43]

◆美国通过北大西洋公约组织的“和平伙伴关系计划”在中亚地区进行军事扩张；[44]

◆美国在发展最尖端国防科技上既有意愿又具备能力，因此保持着军事强国的地位。[45]

此外，中国还认为至少在周边区域应采取主动政策，原因在于邻国对中国越来越多地利用经济繁荣来发展现代化的军事力量、[46]中国在南海和南沙群岛有条不紊的外交诉求和军事扩张，[47]以及在台湾海峡的军事

---

43. 重要例证是 1996 年 4 月签署的克林顿—桥本龙太郎联合声明，以及 1997 年发布的《日美防务合作指针修订原则》。

44. 这是苏联 1992 年解体后，各加盟共和国纷纷加入这个北约特设计划的结果。

45. 例如开发“战区弹道导弹防御系统”。

46. 虽然 20 世纪 80 年代初中国的军力由 400 万人裁减到 250 万人（1997 年再次裁军 50 万人），但中国的军费开支在 90 年代以年均 12% 的速度增长。据中方公布的数字，21 世纪初的军费超过了 300 亿美元（但西方国家估计已达到 550 亿—750 亿美元）。

47. 这些行动主要集中在靠近菲律宾的美济礁，作为回应，东盟国家部长在 1995 年杭州召开的磋商会上一致抗议中国的做法。

48. 这是在台湾地区领导人选举中，国民党候选人（李登辉）支持台湾最大限度自治的后果，这种态度不被中国大陆所接受。

演习深感不安。[48]

从那时起，中国就力图打消那些助长“中国威胁论”的担忧，[49]除了宣传“新型安全观念”以外，其他的措施包括：（1）在中国共产党第十五次全国代表大会上决定裁军 50 万人，（2）同意参加以在中国南海采用行动守则为目的的磋商，（3）接受“一轨”和“二轨”级别的多边安全论坛的整合，[50]（4）与世界核俱乐部成员协调一致，共同谴责印度和巴基斯坦进行的核试验，（5）以负责任的大国形象应对 1997 年金融危机。

在中国国内（可以肯定的是，也力图产生某种国际影响），中国人民解放军组织了一次“旨在分析新安全观”的研讨会。根据有关消息，在此次研讨会上，这一理论的提出被誉为“江泽民正确领导的又一表现”、“对后冷战时代虚假的安全规则的摒弃”以及“中国对世界和平的贡献”[Niu Junfeng, 1998, p. 2]。从严格的军事角度来看，“新观念”的范围被界定为：实施维和行动、进行有关安全议题的对话与磋商、采取互信手段，以及

---

49. 在各种论及中国经济增长（及其后果：市场准入、军事现代化、外交角色、为收复领土而可能动用经济实力）带来的威胁的著作中，最有代表性的是以下学者的作品：丹尼 • 罗伊（Danny Roy，1994 年）、柯庆生（Thomas Christensen，1996 年）、约瑟夫 • 伯丹斯基（Yossef Bodansky）、布鲁斯 •J• 迪克森（Bruce J. Dickson）、威廉 •J• 多布森（William J. Dobson），M• 泰勒 • 弗拉维尔（M. Taylor Fravel），保罗 •H•B• 戈德温（Paul H. B. Godwin），理查德 • 伯恩斯坦（Richard Bernstein）和罗斯 •H• 蒙罗（Ross H. Munro，以上均为 1997 年）

50. 所谓“一轨、二轨”是指分别由政府官员和学者参加的会议，目的是就安全问题展开对话，以获得共同立场。

签署以互利为基础的安全协定 [Niu Junfeng, 1998, p. 3]。

因此，白皮书的第一部分虽然是一份军事题材文件的组成部分，但其政治意义却大于军事意义，根据它确定的原则，可以实现以下目标：

◆建立替代性的国际安全秩序；

◆制定细化的反美指南；

◆吸引亚太国家进入中国的影响范围（或至少远离美国的影响范围）；

◆反对北约东扩。

有关建立替代性的国际安全秩序，可以看到的是冷战结束后，国际舞台上的主角们对新的国际体系和应运而生的安全秩序特点各抒己见。在用“新观念”来制定一个细化的反美指南是否可能的问题上，如果考虑到前文所述的何新关于六个大国创造了多极的世界格局的观点，就会发现，无论是日本，还是英国、德国、法国都不准备采取相同的方针。只有那些持反美立场的国家（是中国，或是俄罗斯？）才会热衷于制定这样一份指南，但是国际政治的现实不允许这种构想被完全地付诸实施。

关于是否可能使某些主角（日本、韩国、台湾地区、泰国、新加坡、菲律宾、澳大利亚等）脱离冷战后美国建立的安全警戒线，实际上这条警戒线已经是即成的事实，这是目前“中国威胁地区稳定”这一观点带来的结果。最后，虽然北约东扩使伊朗、俄罗斯、印度和中国感到不快，但结成“和平伙伴关系”既得到了前苏联各共和国政府的认可，也得到了其议会的批准。

白皮书从历史维度阐明了中国战略思想的要素，除了这个特点以外，从严格的国际政治视角来看，“新观念”所涉及的范围远远超过了中国的周边地区（延伸到中东、非洲和拉美），那里的反美论调更加浓重。因此，白皮书提出了如何引导对外政策防止冲突，在最坏的情况下，如何解决争端的建议，这些内容服务于预防性外交的目标。但是，文件并没有指明一旦谈判破裂应做何反应。

矛盾的是，这份文件一方面强烈反对美国持有的“冷战思维”，另一方面却追溯了华盛顿与莫斯科在 20 世纪后半期的对立。但是，中国领导层将利用一切国际场合重申白皮书的主旨，以彰显对一个前途未卜的世界的智力贡献，创造“全球参与者”和负责任大国的形象。有关对外来论调的担忧，以及中国战略思想的设计者如何看待世界的问题，将在下一章着重论述（例如中国战略思想的概念）。

第三章　中国战略思想的认知维度

第一节　中国的自身形象

经过了30多年的经济、公共管理、公民社会、科技、外交等方面的飞速发展后，中国如何看待自我、中国在后冷战时代的国际体系中应发挥何种作用，这些疑问将通过对中国的决策者和学者们对本国形象的认知加以研究而得出答案。这项工作将为我们今后分析中国领导层的战略目标提供更多的判断依据。

在西方国家关于国际关系的理论文献中，主流观点对国际体系中主导国家（及其相互关系）的界定是按照罗伯特·吉尔平（Robert Gilpin）提出的标准为依据的，即这些国家是“现状的支配者”还是“现状的挑战者”，其自身“实力”是决定性因素 [Gilpin, 1981]。这两类国家为不受侵犯而怀有何种“用意”却受到忽视。

在这个问题上，我认为从概念上对一个国家战略思想的了解是重要的手段。之所以会有这样的想法，是因为虽然现实主义认为一个国家权力的相对地位决定了它在国际关系领域做出的选择和行动，但其初衷却并不相同。当一个行为体的权力处于上升期时，它就会重新确定其目标，采取新的政策，甚至以挑战的姿态面对主宰者。

历史用英、美、德、日、俄等大国的崛起，为我们提供了一系列依据。初露锋芒的强国总是试图改变国际秩序，但流血冲突并非常态。其原因在于各个时期敢于挑战现状的国家都有着不同的“意图”，而现状的维护者们也有着不同的反应。决定一个国家意图所在的重要因素在于该国根据既定的目标对自身及对他国的形象认知（或感觉），这些目标取决于每个行动者如何衡量自身的条件以及对手的条件。

中国人似乎很推崇这个标准：《人民日报》曾指出：“一个国家是否对别国构成威胁，同它的大小强弱和发展快慢并没有必然联系，而是取决于它执行什么样的对外政策。” [“Jinfang Lengzhang…”, 1996] 这些根据认知（比如对自身和他国形象的认知）形成的“追求”，也可以被理解为“意图”，就像上文提到的形象一样，很少被研究中国战略思想的学者所捕捉。由于认知暴露意图的原因，获取中国领导层及其智囊团的认知并非易事。尽管如此，对中国所处形势的探究对本书的研究而言还是大有益处，因此本节将对此进行讨论。

第二章已经分析了中国的世界观，这使我们知晓了历史变化如何塑造了智囊团和决策者的下述思想：（1）中国在古代世界秩序中的中心地位，（2）保持文化本质的必要性，（3）国家百年屈辱史带来的伤害，（4）民族自豪感，下文将分析中国对自身条件的认识。由于最近 30 年来中国所经历的变革有着令人瞩目的速度和深度，其中还包含着巨大的潜力，同时又前途未卜，因此可以断定的是，中国对自身的认知存在矛盾——或者说，在最好的情况下——存在分歧。

中国一方面因取得的成就而满怀自信，另一方面又因国际体系的变化而对战略选择心存忧虑。对冷战后中国战略思想导向表示赞同的人认为它“充满活力和进取性” [Garver, 1993;He Xin, 1996; Kim, 1994; Liu Jinghua, 1994; Niu Junfeng, 1998; Wang Huning, 1995; y Yan Xuetong, 1997]，而持不同意见者则批评它“大胆而无所顾忌”[Bernstein y Munro, 1997; Bodansky, 1997; Christensen, 1996; Dickson, 1997; Dobson y Fravel, 1997; Finkelstein, 2003; Godwin, 1997; Roy, 1994; Swaine, 1998 y

2000; y Wolf, 1995]。这种情况的讽刺意味在于，只要中国在经济、政治、外交、军事和科技上的实力继续增强，就势必在国际舞台上发挥更大的作用，因此应对上述矛盾的对策将更多地掌握在中国的手里（甚至有可能向着对其有利的方向发展）。

中国的成就增强了民族自豪感，使领导层感到“中华文明恢复青春”已经为时不远。这些成就表现在以下方面：

◆到 21 世纪第一个十年的中期，中国经济的快速增长已经是不争的事实，不仅得到国际金融机构（国际货币基金组织和世界银行）的承认，而且也令中国政府引以为豪。1980—2008 年，中国 GDP 的年平均增速达到 9.9%（曾在 1992 年达到 14.2% 的峰值，而当年世界经济的平均增幅只有 3.8%）。如果去除通货膨胀因素，自中国在邓小平领导下实施改革开放政策以来，GDP 总量在 15 年中增长了 4 倍，到 21 世纪初已成为世界第七大经济体 [Renmin Ribao, 1998,p. 1]（进入 21 世纪第二个十年后，中国已成为世界第二大经济体）。世纪之交的 20 年中，良好的经济形势使中国成为外国直接投资大量涌入的目的地，这进一步巩固了中国的出口部门。1992 年以来，中国逐渐超过美国，成为世界上吸引外国直接投资最多的国家（2007 年达到 820 亿美元）。（见表 2 和图 3）

年份	GDP 增长率	年份	GDP 增长率
1980	7.9	1995	10.9
1981	5.3	1996	10.0
1982	9.0	1997	9.3
1983	10.9	1998	7.8
1984	15.2	1999	7.6
1985	13.5	2000	8.4
1986	8.9	2001	8.3
1987	11.6	2002	9.1
1988	11.3	2003	10.0
1989	4.1	2004	10.1
1990	3.8	2005	10.4
1991	9.2	2006	11.6
1992	14.2	2007	13.0
1993	14.0	2008	9.0
1994	13.1	2009	6.5

表 2 1980—2009 年中国 GDP 增长率（世界银行）

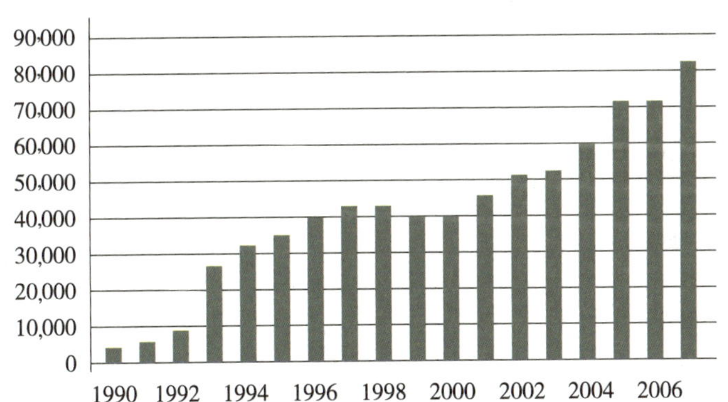

图 3 1990—2007 年中国外国直接投资的变化（按现行价格计算的百万美元）[阿根廷共和国经济部国际研究中心]

◆中国积累的外汇储备仅次于日本，居世界第二位，2008 年达到 2.2 万亿美元（1978 年时只有 16.7 亿美元）。20 世纪 90 年代末，中国是美国国债的第二大持有国（1998

年为460亿美元），到2008年9月，中国已经跃居第一位。中国的通货膨胀率由1995年的16.7%下降到2007年的4%。在对外贸易方面，中国出口额在1978年仅排名世界第27位，但2009年已成为世界第一大出口国[Renmin Ribao, 2009, p. 1]。（见图4和图5）

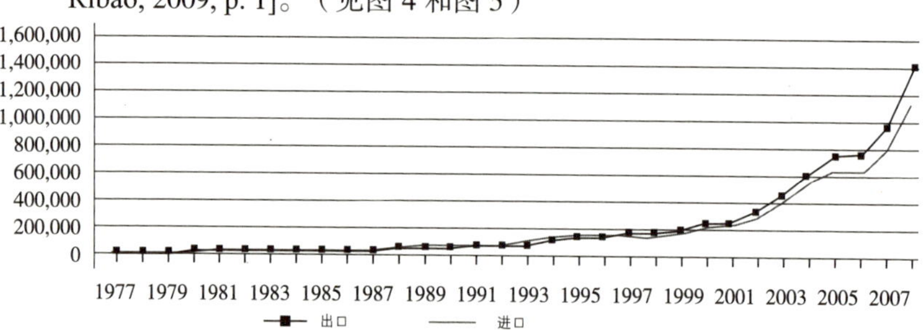

图4 1977—2008年中国对外贸易的增长（按现行价格计算的百万美元）[美国农业部，经济研究局，2009]

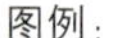

图例：

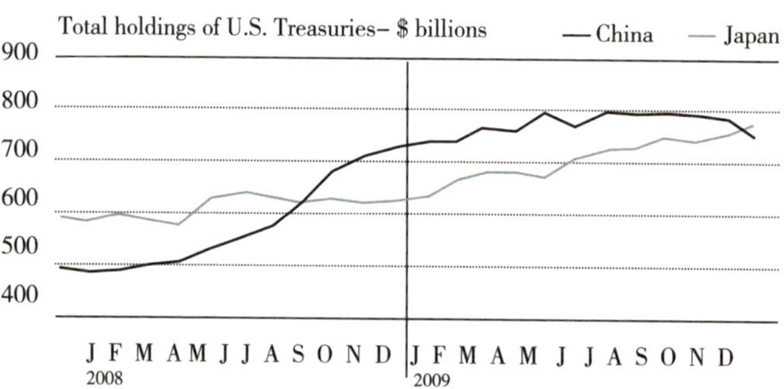

图5 中国和日本持有的美国国债[国际货币基金组织，2009]

良好的经济数据及其带给领导层的信心促使中国在1997年底召开的中国共产党第十五届全国代表大会上宣

布将深化对国有企业的市场化改革 [“President Jiang’s Report to the15th CCP National Congress”, 1997, p. 1]。虽然 1997 年的金融危机[1]及其余波阻碍了中国对计划经济中最核心部分的改革，但建设具有国际竞争力经济体的必要性使得改革继续推进。

西方机构对中国经济发展的乐观预测不仅常常被用来增强中国民众对宏伟未来的信心，而且还创造了阎学通所说的共鸣效应：“越来越多的西方人承认中国已经成为世界强国。” [Yan Xuetong, 1996, p. 37] 问题是这种对中国地位的“普遍认知”对于中国人对自己国家认知度的提高和扩大将起多大作用。

有的中国学者对中国的物质进步赞不绝口，甚至到了夸大其词的地步，令人不得不产生民族自豪感和使命感：经济学家胡鞍钢曾断言，当今时代是中国“历史上最伟大、最辉煌的时期”，“继美国和日本之后，中国获得了增长并达到经济强国地位的独特机会”[Hu Angang, 1996, p. 1 y 20]。但是，需要指出的是，现有的信息无法证明在中国的知识界中存在优于世界上其他民族的、“被选中的民族”这一概念。

鉴于中国庞大的人口、广阔的外部市场、多达 8 亿的廉价劳动力、丰富的自然资源、向市场经济的成功过渡，预计中国经济的高增长率至少在 21 世纪的最初 20 年里

1. 以泰铢的贬值为导火索，并进而影响到所有东南亚经济体，其负面效应一直延续到 2000 年。

仍将持续。其结果是到 2025 年时中国将成为大陆强国，这种地位将使中国在国际政治领域成为刘江（新华社国际部副主任）所说的“霸主竭力遏制的对象”[Liu Jiang, 1997, p. 3]。

尽管采取遏制手段的企图是可能的，但一些中国学者并不认为这种企图获得成功也是可能的。刘江就曾指出：

“美国的两党在中国的崛起不可小觑的问题上已经达成了一致，但同时也承认遏制是不可能阻挡中国的……美国需要采取接触政策以达到继续西化和分裂中国的目的。” [Liu Jiang, 1997, p. 4]

刘江还认为，接触政策（英语中的 engagement）虽然比遏制政策（英语中的 containment）技高一筹，而且也似乎显得不那么好战，但就其特征而言仍然对中国构成威胁。他指出，“从长远角度看，美国对华政策的战略目标由三部曲组成：经济参与、政治施压和意识形态渗透。最终的目的在于中国改变对内对外的政治导向，融入由西方控制的经济体系，但所有这些都不以对抗方式来进行”[Liu Jiang, 1997, p. 5]。

至于中国在亚太地区的作用，其大国地位因其掌握核武器，并在联合国安理会担任常任理事国而得到承认。中国外交部国际司的副司长沙祖康曾表示：“虽然中国掌握核武器并在联合国担任常任理事国，但这并不意味着中国应该享有插手地区事务的优先权或特权。”他还承认中国“希望在周边区域创造以和平和稳定为特征的安全环境”。因此，他认为下述条件可以利用：

◆与俄罗斯之间顺畅的关系（不会“与其共同建立军事同盟”）；

◆东盟国家地区论坛的工作；[2]

◆与日本（该国被界定为“高度发达的经济体，这确保了它在世界上享有重要地位”）政府的“直接联系”；

◆与印度开展的对话（中印双边关系的重要障碍是“历史遗留的边境争端”）；

◆与韩国的“经济、贸易和科技”合作；

◆与越南的关系（越南人普遍认为与中国存在“严重的领土争端”）[Sha Zukang, 1995, pp. 20-22]。

面对如此形势，中国应做何打算呢？一部由江泽民得力助手作序的著作这样写道：

“中国以其经济的发展、社会的结构性变革、文化与思想的重塑，成为奇迹的创造者……增长中的中国将不满足于温饱，它的发展成就将为世界和平与繁荣贡献力量……历史上，我们曾是一个相当重要的国家，这激励着我们在新千年里将继续向着大国的目标迈进……中国深知如何成为国际政治中的关键角色，因此我们不断

---

2. 是东盟在 1993 年建立的附属机制，目的是讨论与安全相关的问题，其独特性在于参加者不仅包含东盟 10 个成员国，而且还包括地区内和地区外的“对话伙伴”，如中国、印度、俄罗斯、蒙古、日本、韩国、朝鲜、澳大利亚、新西兰、巴布亚新几内亚、欧盟、美国和加拿大 [Far Eastern Economic Review, 1993, p. 4]。

增长的经济实力、核大国的地位和联合国安理会成员国的身份都将推动我们国家在国际事务中发挥更大的作用……中国的强国地位不可取代。”[Wen Jieming, 1997, p. 13, 70 y 232]

随着时间的推移，这些预言一一应验，另一位曾在中共中央党校学习和调研的学者在其著作中证实了这一点。张沱生认为：“中国肩负着重振文明、恢复昔日辉煌、捍卫和发展社会主义伟大任务的神圣使命……如果到 21 世纪中叶中国在经济增长的助推下成为中等发达国家，那么社会主义事业将坚不可摧。” [Zhang Tuosheng, 1993, p. 312] 对中国伟大使命的深信不疑还表现在大众媒体的宣传上，例如《光明日报》就发表了分析家陆石（音译）的文章，驳斥“中国威胁论”：

“中国不可能永远按兵不动……12 亿多中国人当家做主、满怀大志、昂首向前……这是任何人都无法阻挡的历史潮流。” [Lu Shi, 1995, p. 3]

然而，也有一些中国学者和官员并不那么乐观。他们的担忧在于经济活动的技术含量较低；尽管与美国的贸易产生了大量顺差，但出口以低附加值产品为主；在满足日益增长的社会需求方面缺少资金（很多是改革开放政策自身产生的需要）；数以百万的同胞仍生活在贫困线下；可耕地、水、矿产、能源等资源严重不足；越来越多的简政放权及其对公共财政产生的影响；国有企业改革跌宕起伏；失业持续以及农民工向城市迁移；缺乏经济手段将中国人民解放军转化为现代化军队，等等。

有学者认为国际形势和中国形势具有如下特点：

◆ 20 世纪 80 年代末到 90 年代初，世界各地的社会主义或共产主义运动的领袖人物走向没落；

◆政治领域被民族国家体系所支配，经济领域被市场经济原则所左右；

◆中国作为发展中国家，缺少足够的资金和技术满足全体人民的物质需求。

第一个特点引发了中国的政策制定者们极大的忧虑，[3] 因为他们认为不稳定的外部环境势必对内部环境造成损害，并对中国共产党的领导地位产生影响。第二个特点意味着以中国为中心的世界秩序不复存在得到了承认，虽然潜意识中的印象截然相反。而第三个特点反映了中国当前物质生活水平的实际情况（这证明了获得外部对“市场经济”地位的承认以享受世界贸易组织体系内的利益这一策略的真正用意）。

中国国内也不乏对国力评估持谨慎态度的人，他们认为中国至少还需要 50 年时间才能跻身于中等发达国家的行列。这种判断的依据是中国既要面对每年新增的 1000 万人口，还要解决 1.5 亿—2 亿缺乏或毫无职业技能者的就业问题。这种观点的支持者还研究了中国的政

3. 不可思议地是，这并不符合大多数西方研究在确定制度的稳固时所提出的观点。

治现实，认为中共权威的合法性正受到地方主义、民众的预期、长达 50 多年的权力损耗的影响。他们甚至认为中国有可能“巴尔干化”。

这些分析人士在许明主编的一部书中提出了 27 个与上述挑战相关的主题。书中指出：“中国前途未卜，因为在接下来的 20 年里中国将面临历史上最关键的时刻，中华文明的兴衰将取决于此。”[Xu Ming, 1997] 在这些持悲观态度的学者看来，中国在国际舞台中的地位在短期内还排在美国、日本和俄罗斯之后，这是“现有的实力”与“感知的潜力”之间存在差距所致。他们将中国定位于“在各种国际事务中起主角作用”的“东亚地区强国”[Xu Ming, 1997, pp. 87-88]。

虽然存在着从两个不同视角观察中国前景的思想潮流，但它们各自的代表人物都赞同建立“大中华”，即一个不一定具有政治–司法性、但却以共同文化，以及改革开放政策实施以来的经济联系为基础的区域，由中国大陆（以及香港和澳门特别行政区）、台湾地区，[4] 以及东南亚和东北亚的华人圈构成。尽管这些学者对于何时能够形成这样一个社会经济现实，并没有统一的认识，但对“大中华”的光明前景是认同的。

曾在国务院工作的学者蔡贤伟在其著作《中国大战

4. 中国政府视台湾岛为一个省份，而台湾当局自称为“中华民国在台湾的执政者”。这种定位源于台湾当局自认为是从 1912 年到 1949 年统治中国大陆的“中华民国”政府的延续，之所以迁往台湾，是因为当时在内战中战败于中国共产党。

略》中指出：

“当今时代中国的‘大战略’应是为建设中华文化和经济圈而努力奋斗，即使没有唯一的中央政权，这也是‘大中华’的起源……这个圈子将团结亚洲，并在国际事务中发挥领导作用。”[Cai Xianwei, 1996, pp. 34-35]

对中国未来前景乐观与否的争论，与对“大中华”概念的普遍认同一样，都是由中国经济改革成就不仅体现在经济方面，也体现在外交政策方面的认知所引起的。因此，这里有必要引述国际关系问题专家赵干城提出的观点：

“中国国家实力的增强是卓有成效的经济改革的必然结果，而对外政策的调整或提出则是这种实力增强的结果。”[Zhao Gancheng,1996, p. 53]

本节结论在于，在国际政治中对国家实力（及随之而来的信任）的认知和其真实情况相比是同等重要的。在这个相互依存的世界中，存在着若干个掌握着有形和无形资源的权力中心，它们面临着各种国内外挑战。在我们所处的这个多变的国际环境中，“大国”的概念本身也经历着不断的再定义（例如美国，某些情况下我称之为“霸权”主角，某些情况下我称之为“主导者”，这取决于当时所处的历史阶段或涉及的政治、军事、经济等权力因素）。

这种矛盾在分析中国的崛起时也同样存在：准确地判断一个变革中的中国拥有何种实力和意图不是轻而易举的工作，到底称其为“新兴国家”、“中等强国”还是“大国”也同样不易决断。这不仅是研究中国当代发展的外国学者所遇到的困难，也是中国学者的难题，因为如何把握中国复杂而多变的现实通常取决于中国自身的利益和形象。

冷战时期中国被喻为“沉睡的巨龙”或“潜在的超级大国”，1989 年 6 月天安门事件发生后，中国开始被描述为“衰落中”的国家。20 世纪 90 年代中期，当拥有全球最快经济增长速度这一不容争辩的事实有目共睹时，中国被认为距离“超级大国”一步之遥了。就像本节开始时的判断一样，国家的意图是以对自身形象的认知和对其他角色（或国际环境）的形象认知为特征的。如果我们意识到中国对自身形象并没有统一的认识，那么承认其建立“大中华”或在国际体系中发挥“大国”作用的潜力所在就显得十分重要了。短期内“大中华”是一个更侧重于经济社会，而非政治的体系。

学者们的一致看法是，无论中国的“和平崛起”真实与否，美国都对此忧虑重重。从地区角度看，中国在一个被视为合理影响范围的区域中，享受着为维护和平与安全而保持主动性的特权,从而可以采取积极的政策。在世界范围内，悲观的学者认为中国不过是干预全球事务的“东亚强国”。

第二节“国家利益”的概念

一个国家通过国际问题专家的认知建构起来的自我形象，在他们确定的国家利益概念中占有首要地位。国家利益的概念在学术界的发展明显受到了西方国际关系现实主义学派的推动。这一学派认为，国内政策的目标是追求“美好生活”，而国际政策则是为了“生存”。国内的政治进程受法律和制度的约束，而国际政治的变化只限于权力斗争 [Wight, 1966, p. 101]。

基于这些基本的假设，现实主义学派发展了一种国家利益理论，其“首要定律”是由汉斯•摩根索（Hans Morgenthau）[5] 提出的：

“帮助政治现实主义在国际政治原野上找出一条道路的主要路标是把利益确认为权力这一观念……公职人员按照权力确认的利益进行思考和采取行动。” [Morgenthau y Thompson, 1985, pp. 5 y 11]

由于“权力本身是手段而非目的”[Wolfers, 1968, pp. 146-151]，因此它（包括政治、经济、文化、科技或军事等）在国际关系中发挥着重要作用，有助于国家利益的实现和保护。在研究国家利益这一命题时，莫顿•卡普兰（Morton Kaplan）[6] 曾强调，“利益”在大多数情况下通过“民族自豪感”体现，其目的并不持久，通常出现在旨在明确如何获取（和保护）国家利益的决策进程中 [Kaplan, 1968, pp. 164-169]。

---

5. 汉斯•摩根索（1904—1980），美国政治学家，国际关系理论大师，国际法学中“权力政治学派”缔造者，著有《国家间政治——权力斗争与和平》等。——译注

6. 莫顿•卡普兰，美国国际关系问题专家，国际系统模式创始人之一，代表作为《国际政治的系统和过程》。——译注

在阿诺德·沃尔弗斯（Arnold Wolfers）[7]看来，用以谋求国家利益的权力可以采取三种形式或级别的对外政策："自我控制"、"自我保护"和"自我扩张"。在第一种形式的政策下，军事权力很少使用，因为多数国家无意于改变国际现状，因此这一级别的政策并不常用（通常只被弱小国家采用）。有关第二种形式，积极维护现状的努力是为了捍卫国家独立和领土完整，也是为了保持势力范围或保护对外投资。采用这种级别政策的通常是拥有中等权力的国家，它们主要出于确保成果的需要，或是那些满足于力量不受威胁的强国。

第三种形式，"自我扩张"是指改变现状的意图，其目的既包括获取更大的权力、扩张领土、统治其他民族，也包括收复失地、完成未竟的事业、重获失去的地位。为此，行动体很有可能动用军事权力，并且/或者遭遇其他国家的军事抵抗，这就要求它拥有强大的武装力量，确保在对抗中获胜，或至少通过动武的方式震慑对手以实现目标或促成谈判 [Wolfers,1968, pp. 147]。

正如在第一章中所述，中国的现实主义学派不仅赞同西方同行的论断，而且认为国家利益"客观存在"，因此"应以科学的方式加以研究"[Yan Xuetong, 1995, p. 5]。国家利益成了整个国家的象征，谋求国家利益也成

7. 阿诺德·沃尔弗斯（1892—1968），美国耶鲁大学和约翰·霍普金斯大学教授，传统现实主义学派代表人物，著有《纷争与协作——国际政治论集》等。——译注

西藏迎接百万农奴解放纪念日

了“不可剥夺的权利”。在中国的现实主义拥趸者看来，捍卫中国的国家利益是出于保护三个基本因素的考虑：（1）政治体系，即制度稳定；（2）国际体系的和平（满足经济发展的需要）；（3）国家的领土完整（包括阻止西藏、新疆等地区的分裂势力，以及实现国家统一）。

根据这种观点，“促成国际行动的基本因素在于利益；因此意识形态、宗教信仰和价值观都不是外交工作的动机” [Liang Shoude y Hong Yinxian, 1994, pp. 45 y 58]。这种标准与中国文化自身的实用主义特征完全吻合。例证之一是邓小平在中国共产党中央委员会的一次干部会议上发表讲话时提出的战略性意见：

“能否在国际事务中发挥更大的作用，取决于我们在经济建设上取得的成果……如果我们的国家获得了更大的发展和繁荣，我们在国际事务中发挥的作用就会越来越大……尽管现在的作用并不小，但如果我们在物质领域拥有更加稳固的基础和更强大的实力，这种作用将得到增强……因此，无论为了反对霸权主义，还是为了争取台湾回归，我们都必须卓有成效地推动经济建设。” [Deng Xiaoping, 1984a, p. 254]

无论是对中国的前景满怀乐观的学者，还是持谨慎态度者，都被“中国处于世界秩序中心”的记忆、民族自豪感、振兴中华的愿望所激励。这种相对的凝聚使他们坚持使用“国家利益”来定义领导层采用的权力政治的基本概念。然而，国家利益的概念在措辞上（甚至在制定政策时）还是出现了不同的解释，因为官员们自身的价值观和利益仍有差别。

在中国，官僚机构中主导的意识形态一是拥护“基本原则”，二是支持民族主义（因为 20 多年的改革开放削弱了马克思列宁主义，形成了一种带有民族主义色彩的非官方意识形态）。前者的结果是以国际主义视角看待国际关系，而后者则更偏向于不相信外部环境创造的利益。由于两种思想之间的关联与决策过程中各个机构的碰撞相互交织，对中国战略思想建构的理解变得更加困难，对其结果的判断也更加不易。

虽然存在着乐观派和谨慎派观点、马克思主义和民族主义意识形态等差异，但在中国国家利益概念的构成中却有一个共同的要素：国家主权至上。几乎所有的中国国际关系问题专家和学者都一致认为，国际政治是在国家间相互联系的框架中发展起来的，虽然旨在解决争端的地区和全球机制一直在发挥重要，但相关体系中最突出的还是各国为谋求国家利益而采取的行动。

这种观点的一个重要结果是得出了以下结论：“由于领土和人口的原因，中国作为大国寻求与国际事务相关的利益。”[Armstrong, 1994, pp. 480-481] 关于这个特点，萨缪尔•金曾强调，对于中国的现实主义者而言，中国凭借其幅员辽阔而提出的“特权”要求，似乎仅限于“国门之外”，也就是说并不包括对中国公民权利的尊重 [Kim, 1996, p. 117]。恰恰由于中国人对国家主权至上的笃信，国家才有可能将国际问题作为国家利益对待，同时又避免外界对其内部事务的任何干扰。

同时，获取国家利益的目标要求中国的外交更有利于双边谈判，而不是多边谈判，只有像 APEC（亚太经济合作组织的英文缩写）那样协商性的、灵活的、实用的、没有领袖、没有正式组织结构、日本或美国都不大可能主导的论坛，才能在中国外交中占有一席之地。在安全和经济合作方面，中国更愿意通过双边谈判施加影响，因为中国拥有的相对权力使双边机制更有利于扩大其影响力、获取国家利益 [Wang Yizhou, 1995,pp. 40-66]。因此，中国与其他有意或有能力成为“全球参与者”的行动体一样，都认为在采取“多边行动”之前，应该先从“国家”的角度进行思考。

在本节的最后，需要指出的是，大多数能够通过学术成果影响决策进程的学者都认为，国际关系中的现实主义思想将谋求国家利益作为首要任务。中国对外政策的导向在于获取国家利益是整个国家“不可剥夺的权利”，除此之外还要考虑到中国传统的实用主义导致其外交工作越来越缺少理想主义色彩。

尽管界定国家利益存在困难，但现实主义和实用主义的影响，加上对中国在世界秩序中曾拥有中心地位的记忆，以及民族自豪感和振兴中华的愿望，都有助于为制定政策以获取国家利益者创造某种内部凝聚。对于中国而言，获取国家利益不仅是指捍卫政治制度、国际体系的和平，以及国家的领土完整，还包括享受与大国地位相符的“特权”，这类似于阿诺德•沃尔弗斯所定义的“自我扩张”。[8]

第三节　中国眼中的国际体系

20 世纪 60—80 年代对苏联的敌视导致中国对世界大战“不可避免”深信不疑，直到 1982 年邓小平认识到未来 10 年已不太可能继续维持这种程度的对立。以江泽民为首的“第三代”领导集体[9]在 1995 年提出“未来 15 年保持世界和平是有可能的”。冷战结束后的国际秩序尚未成型，由此带来的不确定性使中国领导层的智囊们

8. 有关“自我扩张”的特征将在第四章中具体阐述。

9. 中国的史籍认为新中国的第一代领导集体以毛泽东为核心，第二代、第三代领导集体分别以邓小平、江泽民为核心，其后主政中国的是由胡锦涛为核心的第四代领导集体。

重新意识到中国正处于自“1840 年鸦片战争以来最安全的环境”之中。沙祖康指出：

“苏联的解体终结了两极格局，世界正处于一个向多极化迈进的时代。最近的事实证明了战争是可以避免的，这保证了持久的和平……然而，诸多新出现的矛盾已经显现。充斥着宗教、种族冲突，或者领土争端，并且饱受经济危机困扰的地区比比皆是。” [Sha Zukang, 1995, p. 19]

经济的核心地位在当今的中国学者看来十分重要，这应验了邓小平在 20 世纪 80 年代的那句名言——“和平与发展是中国面临的主要挑战”。用沙祖康的话来说就是，“经济危机导致内部动荡，甚至局部战争……经济因素已经成为国际关系的核心问题，因此地区化和经济组织的形成是流行的话题……世界面临的最严峻挑战都离不开经济：发达国家被各种各样的衰退所困扰，南北差距越来越大” [Sha Zukang, 1995, p. 19]。

还应该指出的是，中国的学者和决策者认为这是一种“新的国际秩序”，但与美国总统乔治•布什所倡导的不尽相同。白宫称其为“确保美国统治的战略”，而北京认为这是“尚未成型”的秩序，因为“它充满了动荡不安的国际政治经济环境所带来的矛盾” [Pan Tongwen, 1991, p. 12]。中国人要确保的是以“多极化”为特征的世界政治格局，这得益于“超级大国的一蹶不振”。这种权力的多极化格局由美国、欧盟、俄罗斯、日本和中国共同组成 [Pan Tongwen,1991, pp. 13-14]。

在当今国际体系中，联合国对于中国的作用，一方面在于联合国宪章是奠定国际新秩序的基石，另一方面在于联合国安理会是其实施对外政策的最合适平台之一。在联合国框架下，中国可以展现成为全球主角的意愿和面向第三世界的姿态，弥补内部合法性的缺憾，捍卫有关国家利益的“威斯特伐利亚”理念[10]（特别是当集体安全体系复兴时）。中国前外长钱其琛曾指出：

“联合国改革应有利于维护成员国主权……主权国家既是国际法的主体，也是联合国的基石……捍卫国家主权是建立国际新秩序的基础。”［“Discurso del canciller Qian Qichen…”, 1992, pp. 4, 7-8]

另一方面，在经济上中国越来越受到进出口市场的青睐，在政治上它是唯一一个不向霸主推行的体系妥协的大国。由此带来的挑战无法为中南海[11]赢得白宫及其盟友的释怀。中国国务院新闻办公室曾在《人民日报》上就此表态：

“中国仍然是中国共产党领导的社会主义国家，不会照搬美国的政治制度，（对于华盛顿而言），经济发展到什么程度、政治民主有何进展、人权得到哪些改善，都无关紧要……美国会视而不见，听而不闻……

10. 威斯特伐利亚体系是1648年《威斯特伐利亚和约》签订后形成的近现代历史上第一个国际关系体系，它最重要的贡献在于确立了国家主权和平等原则。——译注

11. 中共中央所在地。

正如人们常说的‘偏见比无知更可怕’。”[“Weihu Renquan…”, 1996]

对于西方国家对中国人权状况不佳的指责，中国的回应围绕这些国家惧怕中国的强大、因不了解中国历史和文化而心存忧虑，或企图损害中国利益而展开[“Weihu Renquan…”, 1996]。其中的悖论在于即便西方的批评和施压可能在某种程度上有助于中国人权状况的改善，但中国人普遍持反感态度，并将其视为对自己祖国的非难。

因此，需要强调的是，对当前国际体系的看法体现出安全与不确定性相互交织的矛盾。中国外交部主管的杂志曾发表文章，提出有必要在中国“总体战略”框架下推行“综合安全”理念，它“应涵盖内部和外部环境”，而且“不仅包括军事领域的安全，还包括政治、经济和文化安全”[Tang Yongsheng, 1996, pp. 16-17]。在中国国防部的一份内部报告中，杨建勇（音译）列举了中国面临的一系列安全“问题”：

“美国，是最明显和直接的威胁；日本，已由潜在威胁转化为实际威胁；俄罗斯，是我们长期的潜在对手；印度，是西南地区不安全、不稳定的潜在来源；东盟，是我们在南沙群岛主权斗争中的直接对手。”[Yang Jianyong, 1996]

另一篇具有类似论调的文章也认为“‘大东盟’形成是中国外部安全的一大挑战，因为越南、老挝、柬埔寨和缅甸的加入将有助于构造一个‘与中国在南海的国家利益相背离’的团结阵线”[Ren Rongrong, 1996]。

对于亚太地区的局势，中国认为冷战结束带来的影响不会像其他地区那么突出，这得益于这一区域相对的政治稳定和经济繁荣。在1997年金融危机之前，这一地区平均7%的经济增长率（是世界范围内最高的增长水平），为地区和谐提供了保障。然而，从战略局势的角度来看，也存在不容乐观之处，这不仅出于经济方面的考虑。

上海国际问题研究所（上海市政府主管的单位）前所长陈启懋认为，“得益于美国在越南的失败、苏联在阿富汗的失败,亚洲的权力体系不如欧洲那么具有刚性，因此诸多争端无法隐藏在冷战的阴影下。”

陈启懋作为学者，曾是江泽民担任上海市市长（后成为国家主席）时的顾问。他认为，“亚洲地区的不确定性体现在朝韩问题、台湾问题以及若干国家的政治更迭上……中国因其快速的经济增长和对和平共处五项原则的坚守，已成为地区稳定的重要力量”[Chen Qimao, 1996, pp. 57-64]。

上海国际问题研究所的另一位前所长梁于藩也曾指出：

“中国的增长将带来地区的和平与稳定，这一点可以通过对比19世纪后半期的历史与当前形势得到证明……当中国作为帝国主义侵略的受害国时，列强争夺势力范围的斗争是东亚地区失序的重要原因……当前一个强大中国的崛起杜绝了外国干涉，整个地区也随之进入到一个新的时代。”[Liang Yufan, 1994, p. 13]

安全与不确定性在国际舞台的相互交织产生了对内部动荡的担忧（即“外患内乱”的道理）以及来自国际体系的各种压力和刺激下与日俱增的信任缺失(或敏感)。对中国战略思想的决策者而言，国际变化之所以具有不确定性的一个重要原因就在于美国这个后冷战时代的主角凭借其政治、经济、军事和外交能力而采取的行动。中国学者虽然反对美国的“霸权主义”政策，但对美国的地位还是认可的。阎学通曾指出：

“冷战结束后美国是当今世界上唯一的超级大国，因此我们应该承认它在当今国际事务中的影响力……这种地位也许能够再保持20年或30年……避免与美国的对抗是中国长期的战略利益。”[Yan Xuetong, 1995, p. 158]

中国社会科学院美国研究所的资深研究员肖炼也曾表示，“美国在未来10年的经济主导地位源自其战略的成功，这种战略的意图在于使美国成为有能力影响亚太地区的唯一力量，并进而控制国际金融体系”[Xiao Lan, 1999, p. 7]。

看问题的另一个角度在于最近10年来众多中国知识分子对美国的印象。留美学者牛军的分析有助于我们更好地了解这种认知：

“统计数据显示，近年来在中国公民的思维中——

包括在校大学生和知识分子——美国已经从友好国家变为敌对国家……随着时间的推移，美国将逐渐意识到其日益受损的形象对其亚太利益造成的影响。” [Niu Jun, 1995, p. 134]

这种观点得到了《中国青年报》在1996年5月所做的一次调查问卷的验证。调查结果显示，1994年时在中国的青年人中，美国的受欢迎程度最低，只有31.3%的人对美国抱有好感，1995年时情况类似，但上述比重提高到57.2%。从调查问卷的具体问题中可以得出以下结论：92%的被调查者认为美国社会存在严重的吸毒、财富分配不均和性问题；90%的被调查者认为美国的对外政策敌视中国；80%的人认为华盛顿虽然名义上支持民主，实际上却在推行霸权主义政策；51%的人认为美国政府存在腐败问题。此次调查在北京、上海、安徽、江苏和山东展开，主要针对35岁以下的工人、专业技术人员、教师、管理人员和在校大学生 [Zhongguo Qingnian Bao, 1996, pp. 1-3]。

1996年，一部由中国年轻学者撰写的著作《中国可以说不》名噪一时，当年的销量达到200万册，书中描述了作者对美国社会的种种认识。书中写道，美国人“生活的社会环境充斥着种族歧视、家庭破裂、性解放、消费主义、吸毒、暴力犯罪和债务危机”，因此“美国人充满了极度的悲观、迷惘和自甘堕落的情绪” [Song Qiang y otros, 1996, p. 128]。

在其他关于对外政策的著作中，也不乏贬义的论调。对于冷战结束后美国倡导的国际秩序，有这样一段内容：

“在新的国际秩序下，美国实际上并不希望与其他强国共存，也无意维护世界范围内的普遍人权和民主……其最终目的在于建立一个一统天下的帝国，这一方面受到其经济利益的驱使，另一方面也因为美国人认为世界领导权只能掌握在他们手中。” [He Jie y otros, 1997, pp. 176, 204-206]

上文提到的杨建勇（音译），在谈到美国的对华政策时曾指出，“美国近来一直在中国的重要事务上唱反调，这是为了强化其遏制战略……未来很长一段时间，美国都将是中国最直接、最严重的威胁” [Yang Jianyong, 1996, p. 6]。

在这种情况下，“台湾问题”成为北京－华盛顿关系中最为棘手的议题。正如中国外长钱其琛在 1997 年 3 月初所言，“中美关系稳定和发展的关键在于妥善处理台湾问题” [Renmin Ribao, 04 de marzo…, p. 4]。时任中国总理李鹏也表达了同样的观点，他在同年同月接见美国副总统艾伯特 • 戈尔（Al Gore）时曾指出，“台湾问题因为重要性和敏感性，一直是中美关系中的核心议题” [Renmin Ribao, 26 de marzo…, p. 1]。

这些公开的表态不仅说明中国具有某种程度的言论自由，而且从这种表态的传播中也证实了——或者说尤其证实了——中国共产党的利益所在。作为执政党，不管在这个自上而下且正统的政治集团中出现了何种细微的变化，中共都试图对知识分子的思想施加影响，以塑造他们对现实的认知及其产生的印象。

这项任务，确切地说就是为了获得“思想的胜利”，也同时体现在中国知识分子的对外活动中。面对涉及台湾的敏感话题，江泽民时期的国际问题智囊刘吉曾在著名的哈佛大学发表公开演讲：

“美国的对台政策，已经逾越了干涉他国内政的底线……中国没有就此问题进行谈判的余地……维持台湾海峡的现状符合中美双方的共同利益。” [Liu Ji, 1997]

在本节结束之前，还要明确的是最近 15 年以来，中国一直表现得进退两难，一方面中国承认国际安全环境有所改善，而另一方面，中国对国际体系的发展还存在疑问和担忧，对美国的强权政治深感不满。

此外，在认知方面，国际体系的格局是已经得到经验证明的客观现实（根据所有主角的力量关系），其中试图发挥的作用是主观条件。因此，“国际体系的格局”和“国际体系中的地位”都是相互联系、相互依存的现实。

对于中国应在国际体系中发挥何种作用的争论，说明中国人相信在争夺世界主导权的斗争中也存在“达尔文的物竞天择”。在疑惑不解和摇摆不定之中，每个重要的行动体都试图占据最佳位置。

根据中国专家对世界形势的判断，世界可能正处于一个相对和平的时期，但这并不意味着大规模战争扩散的威胁已不复存在，而局部冲突仍有可能出现。此外，多极化的世界权力格局已经形成，这一特征决定了紧张关系将不可避免。在此背景下，经济因素作为主要的权力象征而占据了主导地位，由此成为国家间争端的导火索。

中国学者认为，贯穿世界的历史条件为建立新的国际秩序提供了契机，新秩序将得益于超级大国的衰落。尽管这是一个相对有利的条件，但也必须承认西方国家普遍对中国的增长和向强国地位的转变感到忧虑。

美国作为国际体系中的主角，其实力仍然受到中国学者的肯定，但同时他们也对美国的对外政策和社会现状持批判态度。有关美国的对华政策，中国学者认为在“建立一统天下的帝国”思想支配下，美国已经成为中国“最直接、最严重的威胁”。

第四节　战略忧虑

中国（受到国家利益思想的支配）对自身形象的认知和对所处世界的认知，促使中国的国际问题专家们对其战略忧虑产生了思考。后冷战时代的中国，享有自1840年以来最为安全的国际环境，这得益于这个国家前所未有的经济成就。中国凭借经济增长，成为世界强国，甚至比肩于拥有更强实力的国家。对自身和所处世界的认知既是上述事实的结果，也深受其影响。

中国的强大必然会对国际问题的研究者和决策者产生认知上的影响，促使他们充分相信自身的实力，并推动中国积极寻求在国际事务中发挥更大的主角作用。

通过本章前三节的分析，可以看出，捍卫中国国家利益主要包括三个基本内容：（1）中国的政治制度，这是中共政权巩固的保证；（2）国际体系的和平（出于发展经济的目的）；（3）国家的领土完整（既包括防止西藏和新疆的分裂，也包括实现国家统一[12]）。中共政权的稳定性与经济发展成就息息相关，因为意识形态上的空白[13]和由此引发的合法地位的缺失，可以通过满足人民的物质需要得到弥补。

因此，谋求经济发展既是政权稳定的保证，也是国际形势稳定的结果，中共的内外政策也得以相互依托（至少在短期内如此，例如中国自认为还不属于中等发达经济体）。

然而，值得一提的是，面对因外部原因（金融危机或能源危机、过度保护主义、外国直接投资中断、大范围和高烈度战争等）或内部原因（国有企业制度或社保体系崩溃、沿海地区的抗税运动、争取更大自由或分裂势力蔓延引发的政治危机等）可能出现的经济增长放缓，中共也可能会借助某个理由，例如国家的统一大业，重

12. 中国在 1997 年 7 月 1 日收回了由英国控制的殖民地——香港，在 1999 年 12 月 20 日收回了由葡萄牙控制的殖民地——澳门。

13. 指在经历 20 多年的市场导向的经济改革之后，马克思列宁主义的影响力日渐式微。

新取得执政的合法性，并且加强内部的凝聚力。

中共不仅要加强领导，还要防止反对势力，如台湾当局的“内部”集结。中共领导下的中国民众一方面有物质上的需要，另一方面又对一个处于市场经济改革大潮中的政党的思想基础有所怀疑。因此，经济的发展已成为中短期内决定中国发展的关键因素。

尽管形势相对乐观，但中国与冷战后国际体系中的其他主角也存在摩擦。例如，在台湾和西藏问题、市场准入、尊重人权、核扩散、不公平贸易行为、知识产权保护等方面与美国存在摩擦；与东盟国家在中国南海及其附属岛屿的主权问题上存在摩擦；与日本在第二次世界大战期间的暴行、钓鱼岛主权、美国的军事存在（二战末期和冷战时期遗留的问题）、日本前首相小泉纯一郎频繁参拜靖国神社（存放战犯遗体之地）、日本史书中有关 1895—1945 年历史等问题上存在摩擦；与朝鲜民主主义人民共和国因其拥有核武器而屡次挑起危机上存在摩擦；与印度在未划定的共同边界和支持达赖喇嘛问题上存在摩擦；[14] 与俄罗斯在最后几处未划定的共同边界问题上存在摩擦。然而，只有与美国、东盟、日本的争端被视为重要的战略忧虑，因为这些矛盾直接关系到中国政治体制的巩固、国际和平和国家领土完整。

20 世纪，由于苏联的解体和美国成为唯一有能力通过破坏中国政治制度基础、干涉台湾问题和阻止中国军

14. 达赖喇嘛流亡印度。

事力量扩大影响等手段，直接威胁中国利益的超级大国，美国是中国最主要的战略忧虑所在。只有美国掌握着由其本土之外的力量、安全联盟、政治势力，以及能够遏制中国的经济资源和利益组成的巨大网络。苏联在国际舞台的缺位甚至被视为西方反华势力卷土重来的便利条件。两位知名学者的著作揭示了这种担忧，其主要结论是:

“美国－苏联－中国之间战略三角的终结和取而代之的美国－欧盟－日本经济三角，意味着中国从今往后将成为西方国家和平演变的靶心，这必将引发激烈的渗透与反渗透斗争。” [Wang Jianwei y Lin Zhiming 1992, p. 906]

此外，曾任国防大学教学与研究部主任的张召忠将军，在 1999 年接受一份香港报纸采访时表示，“未来 10—15 年将是中国最困难的时期，因为美国深知这是破坏中国增长的最后机会。因此，华盛顿将倾其所能损害中国。”但是，张召忠并不担心美国挑起的两国对立会有所激化，“就目前而言，除非当下时局出现重大改变，美国不会对中国发动攻击” [Ma Ling, 1999, p. 4]。

上文提到的阎学通，通过历史对比，描述了中美关系的现状：

“大国的崛起通常会引发大规模的战争，但这不一定是因为新兴大国的扩张所致。很多战争是霸权国家试图维护强权的政策引起的……1812 年的美英战争就是一个很好的例证，当时伦敦破坏了美国与欧洲的海上交通线……最近发生的银河号货船遭美国海军无理扣押事

件[15]值得我们思考。" [Yan Xuctong, 1998, pp. 82-83]

美国在"台湾问题"上采取的行动招致中国的极大反感，近 20 年来中国的态度体现在以下方面：

- ◆只有一个中国，台湾是中国领土不可分割的组成部分，中华人民共和国政府是中国唯一合法政府；
- ◆世界上已有 100 多个国家承认上述事实；
- ◆全体中国人都希望看到"台湾问题"的解决和中国的统一；
- ◆反对"两个中国""一中一台""一个国家，两个政府"的政策；
- ◆主张在一个中国的前提下，台湾海峡两岸存在和发展不同的社会制度；
- ◆国家统一后，台湾将成为特别行政区；[16]
- ◆海峡两岸的民众都是中国人，如果的中国主权和领土完整遭到破坏，人民被迫卷入战争，对于所有人而言都将是一场巨大的悲剧；
- ◆呼吁实现和平统一 [Sha Zukang,1995, p. 26]。

并非所有的国际问题专家都认为华盛顿真的会为台

15.1993 年 7 月 23 日，美国以获得情报为由，指控中国"银河号"货轮向伊朗运输制造化学武器的原料。同时，美国向"银河号"所在的国际公海，派出了两艘军舰和五架直升飞机。经交涉，中方同意美方登船检查。9 月 4 日，"银河号"上最后一个货箱被检查完毕，没有发现任何与化学武器有关的货物，"银河号"被迫中止正常航运长达 33 天。——译注

16. 香港自 1997 年年中、澳门自 1999 年底分别开始享有这一地位。

湾而战。在一部有关对外政策的期刊中收录了一篇醍醐灌顶的文章，阐明了中国政府如何看待美国的意图：

“台湾问题是美国按照其东北亚地区战略利益打出的一张牌……这张牌在必要时就会被反复用来对付中国……美国在台湾海峡的利益在于保持两岸的分裂和紧张。”[Tang Yongxin, 1997, p. 5]

其他学者认为，美国拒绝交出西太平洋上这艘“永不沉没的航空母舰”[17]，因此将继续干涉台湾事务，除非两岸中国人自己愿意达成某种协议。这个观点还认为，“美国担心一个统一的中国将控制南中国海和日本海的海运线，这样一来美国就将被排除在这一区域之外”，而且“白宫出于这些目的而即将实施的政策就是保持中国的分裂、保留它在日本和韩国的军事存在”[Peng Qian y otros, 1996, pp. 204 y 207]。

但是，如果促使中美两国相互接近的因素被忽略和回避，就像某些所谓“国际问题专家”撰文时所做的那样，那么对美国给中国造成的战略忧虑的分析就将是不完整的。中国需要美国的贸易、投资和技术，同时也需要美国的外交行动能够遏制日本民族主义和朝鲜收复失地的野心。而美国也希望在核不扩散、环境保护、工作移民等全球议题上得到中国的合作 [Sun Zhengao, 1993,pp. 155-169]。

---

17. 美国以“太平洋中永不沉没的航空母舰”来形容台湾，强调台湾在此区域中的战略地位。——译注

另一个被中国学者讨论的话题是美国正在经历的衰落，这有助于我们更好地衡量中国的战略忧虑。上海国际问题研究所的丁幸豪研究员曾指出，“一个国家的强盛是相对意义上的概念……国家强弱与否只能通过与其他国家的对比才能判断……美国出现明显的衰落是相对于其他国家，特别是东亚的崛起而言的”。但是，丁幸豪也承认，“到目前为止，还看不到任何一个国家有超越美国实力的迹象，这种局面将维持到 2025 年” [Ding Xinghao, 1996, p. 118]。前文提到的陈启懋，力图做出进一步的预测，他指出：

“尽管在科技方面美国保持着世界领先地位，但在其他方面它的相对衰落是显而易见的……到 21 世纪中叶，美国将降格为普通大国。” [Chen Qimao, 1996, p. 8]

美国的这种没落不仅被中国学者归咎于其对外权力的相对下降，而且具有讽刺意味的是，还有一些学者认为由于美国社会的特性，其国内问题也是造成美国权力受损的重要原因。在《美国的社会病》一书中，作者列举了美国衰落的若干原因：

◆巨大的贫富差异；

◆无家可归者；

◆明显的种族差距；

◆极右翼团体的行为；

◆家庭破裂；

◆犯罪和吸毒问题；

◆道德和精神危机；

◆对政客缺乏信任 [Wang Guang,1997, pp. 1-5]。

作者得出的结论是："美国在国际舞台的地位和影响力日渐式微，不仅是多极化发展的结果，也是这个国家根深蒂固的社会问题所致……这些社会问题不仅影响着美国的相对权力，也影响着世界对它的认知。" [Wang Guang, 1997, p. 311]

关于中国的第二个战略忧虑，即与东盟在南海及其附属岛屿主权方面的争端，这个问题与认知上的因素有直接关系：早在 20 世纪 80 年代北京明确提出占有南沙群岛各岛屿和岛礁的主张时，西方国家就开始抛出"中国威胁论"，这个问题主要涉及越南和菲律宾（90 年代，随着中国继续保持向南扩张，马来西亚、缅甸和印度尼西亚也受到影响）。1992 年 2 月 25 日全国人民代表大会通过的《中华人民共和国领海及毗连区法》加剧了这一问题造成的紧张局势，这部法律使中国政府从事实上行使主权变为从法律上行使主权。

从物质利益的角度看，中国学者认为南海能够为中国提供"生存空间"，因为南海的"战略资源[18]储量价值高达 10 万亿美元……一旦新疆的资源枯竭，南海就是最主要的替代……南海对于 21 世纪的中国来说意味着生存空间" [Far Eastern Economic Review, 1992, pp. 14-16]。

因此，中国人民解放军海军（中国海军的官方名称）的现代化[19]既是邻国，也是美国的担忧。但是中国学者

18. 主要是石油和天然气，也存在渔业资源，因为注册的渔船很多。

对这一形势的分析与外界截然不同。前文中的被引用者翁杰明曾指出，“如果我们过去在台湾海峡部署一支强大的舰队，那么谁还敢干涉中国内政？”[Weng Jieming, 1997, p. 232]。

甚至中国的军事当局都曾在公开出版物上就此表态，例如中国人民解放军海军军事学术研究所的所长刘振环将军曾指出：

“中国应拥有自己的海军力量，用以维护《联合国海洋法公约》新订立的合法权益，以及中国日益扩大的海洋利益；中国还应在未来争取更大的海域，因为目前其面积仅相当于中国陆地面积的30%。”[Liu Zhenhuan, 1996,pp. 14-15]

或许由于深知将美国作为直接的关切方会导致争端国际化的风险，中国在1995年年底同意“搁置”南海主权争端，并推动渔业资源和海底资源的共同开发 [Qian Qichen, 1996, pp. 4-5]。

之所以将日本作为战略忧虑，是因为中国人认为只要美国有能力遏制中国，日本就是中国最大的地区威胁。因历史原因以及鼓吹民族主义的日本政府上台导致的中日间对立强化了这种认识。根据中国“民族主义”学者所称，日美同盟的存在使日方购买核武器和中远程发射载体成为可能 [Lin Xiaoguang, 1992, pp. 10-12]。

19. 主要包括发展海军陆战队、引入海上航空兵中程作战装备、打造“蓝水”海军的水面作战部队、购买核动力潜艇。

中国人民解放军海军

中国学者认为，日美之间的“勾结”可以通过 1996 年美国总统比尔·克林顿（Bill Clinton）访日并与日本首相桥本龙太郎签署《日美安全保障联合宣言》得到证实，该宣言以微妙的方式赋予日本自卫队维护地区安全的作用。根据宣言，日军应为在周边地区执行任务的美军提供后勤保障 [Zhou Jihua, 1996, pp. 24-30]。

其他可以证明日本“企图”的证据包括：日本拒绝就第二次世界大战之前和期间对中国人民犯下的暴行做出诚恳的道歉、利用经济手段发展武装力量、[20] 在亚洲市场上激烈竞争、修改有关自卫队的宪法条款、[21] 修改

20. 虽然根据美国在第二次世界大战日本战败后占领日本期间推行的宪法，日本只能将国内生产总值的 1% 用作国防开支，但日本作为全球第二大经济体，一直是世界上军费开支排名第三的国家。第二大经济体的地位在 2009 年年底被取代。

21. 为加强在柬埔寨的维和力量，应联合国要求，日本自卫队在 1991 年被批准派遣地面部队执行其领土之外的任务，这类行动此前一直被禁止。

日本海上自卫队护卫舰

防御理论（特别是海上防卫，允许日本海上自卫队在深海执行“积极防御”任务）、拒绝与邻国分享先进技术，以及争夺钓鱼岛主权 [Lin Xiaoguang, 1992, p. 11]。

在中国学者看来，日本的敌视态度还体现在软实力，即思想战方面。国际问题专家王忠仁（音译）指出，“中国威胁论”的概念虽然自 20 世纪 90 年代中期以来在美国广受欢迎，但却是日本防卫大学的教授村井有秀率先提出的 [Wang Zhongren, 1997, p. 15]。

面对美国、东盟和日本引发的战略忧虑，中国外交部门出面牵头推动对话，但最终协议迟迟无法签署（或在漫长的谈判后仅仅达成某项承诺），这反映出中国在争取更大权力的必要性上表现得较为谨慎。有些中国学者认为，这种温和的姿态体现了循序渐进、不急不躁的原则，强调的是合作意愿。几乎可以肯定的是，中国外交的这种风格是遵从江泽民的有关指示而形成的，即前文提到的“增加信任、减少麻烦、发展合作、不搞对抗”[Lu Zhongwei, 1997, p. 9]。

在如何解决对邻国的战略忧虑上，中国学者提出了可供借鉴的几种选择。蔡贤伟认为“面对美国遏制加怀柔的双重政策，中国应联合俄罗斯，打破日美同盟”[Cai Xianwei, 1996, p. 232]。有关这些选择的详细论述将在本书第四章中进行，届时中国的战略意图和由此产生的国际行动也都将得到分析。

本章的结论在于，虽然中国享有自 1840 年以来最安全的国际环境，但经济因素已成为制度稳定的重要基础。这种稳定——因中共继续独掌政权而得到保障——包括中国的政治统一和领土完整。

经济发展是国际形势稳定的结果，这不仅取决于领导层在这方面的政绩，也取决于中国与他国（如美国、东盟、日本）矛盾的演化。因此，与上述三个主要角色保持和谐关系是中短期内中国战略思想的方向。只有外部的非政治因素和内部的社会经济因素对经济增长造成的影响才会从根本上改变现在的局面。

总之，由于中国依靠经济发展来保障政治制度，以及中国人所说的“国际体系和平”与“维持台湾海峡现状”之间的关系（或通过和平手段最终实现统一——这在短期内是不可能的），可以预见的是，在未来 10—15 年内中国不会动用武力破坏国际秩序。

后文将介绍中国战略思想理论的作用，这有助于我们更好地理解这种对外立场产生的国际影响——在对其历史和概念进行分析之后，我们已经对这种立场有了初步的了解。

第四章 中国战略思想的理论维度

第一节 20 世纪 90 年代形成的民族主义和现实主义

尽管冷战后的国际体系以地区一体化进程的多样性和全球化为特征，但在世界任何一个角落都可以看到民族主义思想和诉求的复兴。中国也不例外。在推行改革开放政策 20 多年后，共产主义意识形态在中国的削弱使中国共产党承担起宣扬爱国主义、捍卫民族自豪感的重任，其执政的合法地位也将因此得到确立。

然而，民族主义情感并不是中国共产党专有的宣传手段，因为20世纪90年代中国的一个重要现象就是知识分子成为民族主义最大的推动力量。下文将对中国知识分子阶层中的民族主义思潮及其复兴的政治原因、学术原因和个人原因进行分析，以便我们更好地了解中国战略思想的意识形态基础。

20世纪80年代后，中国知识分子中产生了一种对西方国家的“幡然醒悟”。其结果是对西方国家，特别是对美国的认知简直与官方宣传的如出一辙。这种转变是什么原因造成的呢？一般来说，官方宣传与中国民众对西方国家的认知之间总是存在较大的落差。在改革开放初期，中国政府告诫老百姓虽然中国需要学习西方的技术和经济管理方法，但要避免美国文化带来的“精神污染”。然而，无论是知识分子还是普通民众，都厌倦了政府的说教，认为真相恰恰相反。

随着时间的推移，西方国家通过持“反传统”（或亲西方）立场的知识分子、伦敦BBC、美国之音等鼓吹的思想，以及曾访问西方国家者亲口讲述的事实泛滥成灾，制度宣扬者与独立知识分子的认知之间就逐渐产生了一种共鸣。[Dittmer y Kim, 1993]

中国人普遍相信华盛顿及其盟友支持以下活动，一是西藏和台湾独立运动，二是诋毁中国人权状况，三是阻挠中国加入世界贸易组织，四是反对向中国人颁发诺贝尔文学奖和经济学奖，五是中国未能获得2000年奥运会举办权。这些认识也对思想的转变产生了深刻的影响。

当中国知识分子对西方国家的认知无异于政府时，他们重新找到了传统文化的价值。由此产生了重新认同民族身份的必要性，因为在对美国说“不”之前，中国人首先应该对民族主义缺失、对盲目崇拜西方说“不”。于是在此背景下，一场民族主义和保守主义的知识界大讨论拉开了序幕。

天安门广场事件发生后，西方国家对中国的制裁、[1]苏联的解体以及西方国家拒绝向苏联提供援助，都促使中国的知识分子和政府宣传部门掀起一股声势浩大的民族主义浪潮。中国人充分相信，冷战结束后中国不能对美国和欧盟有丝毫奢望，因为它们表面上是要分享民主和市场带来的利益，实际上是要推行新的帝国主义统治。

1991年9月，《中国青年报》发表的一篇文章，迅速成为民族主义运动的一大象征。文章明确提出，马克思列宁主义“已经无法有效保证人民的忠诚和国家政权的合法地位”，因此“发展一种依托中国传统文化的新意识形态已成为当务之急”[“Sulian Jubian Zhihou…”, 1991]。

此外，在上海，民族主义的复兴也得到了共鸣，

1. 包括政治（取消既定的高层互访）、经济（中止信贷、投资和技术转让）和军事（暂停武器和后勤装备出售）制裁。大部分的政治和经济制裁在1992年被取消（这一年邓小平“巡视南方”，重新明确了经济发展方向），而大部分的军事制裁至今仍然有效。

1994年历史学家萧功秦就中央政府丧失权力的风险提出了警告。他认为，后冷战时代中国解决问题的方法既不能依靠共产主义，也不能依靠自由主义，而是应依靠民族主义。萧功秦最大的担心是随着官方意识形态的削弱，中国面临分崩离析的风险，[2]因此提出将民族主义作为“凝聚力”[Xiao Gongqin, 1994, pp. 21-25]。

同时，正是由于民族主义的复兴，毛泽东作为“伟大的舵手”以及“伟大的爱国者和民族英雄”的形象重新回到人们的视野中。虽然20世纪80年代初中国共产党对毛泽东在中国历史上的地位已经做出了功过评价，但毛泽东的肖像、塑像和像章还是被众多青年和成年人视为珍品。

从某种意义上讲，对毛泽东的怀念是民族主义情感和排外思想的反映。在学术界和知识界，中国的民族主义者推动了对自身传统文化的研究，并将其作为抵挡西方文化霸权主义的盾牌。这些学者认为，中国的思想家应“解脱西方思维模式的束缚，拥护民族主义，以重新树立面向21世纪的职业道德”[Liu Kang y otros, 1996, p. 87]。

进一步讲，找回自身文化价值的热情使他们意识到，21世纪中国的文化复兴将跨越国界。北京大学国际传媒项目前主任关世杰曾指出，“西方向东方学习的时代已经到来，因为儒家关于普遍和谐的思想将成为以和平和

2. 我们知道中国由56个民族组成，其中非汉族人口超过1亿。

发展为特征的新世纪的主流”[Guan Shijie, 1996, p. 4]。

文化民族主义的复兴使20世纪80年代的“西学热”被90年代的“孔子学热”所取代。同时大量学术讨论被重新定义，并且大多与“中国特色”（sinicidad）相关。[3]

矛盾的是，很多文化民族主义的捍卫者都曾在西方国家留学，甚至相当一部分人利用后马克思主义、后殖民主义、东方主义和后现代主义的批判性论据来驳斥西方“文明”宣扬的仁慈。因此对于多数学者和普通公众来说，知识分子们倡导的民族主义主张比官方宣传的内容更有说服力。

在此有必要介绍两本论述重新发现和深化中国民族身份认同的代表性著作。其中之一是前文提到的《中国可以说不》。另一部是同样在1996年出版的《妖魔化中国的背后》，此书由八位研究美国的学者写成，在1997年初成为畅销书。

在《中国可以说不》一书中，作者坦陈虽然在大学期间从西方文化的源泉中汲取了大量营养，但1996年3月美国政府向台湾海峡派遣两艘航空母舰以“干涉祖国统一事业”后，他们对西方的幻想完全破灭，因为这一事件充分证明了“西方的虚伪用心”。这促使他们拿起笔，向世人展示祖国的精神和物质潜力，使公众舆论“认识当今中国的实力”，使“所有人”（包括领导层在内）

3.sinicidad 这个词来自 chinicidad，因为西班牙语中的 sino 是 chino 的同义词。

意识到中国完全可以对“阻碍宏伟目标实现的因素”说“不”[Song Qiang y otros, 1996]。

《妖魔化中国的背后》一书也试图向读者揭露“美国媒体别有用心的政策是为了误导美国民众对中国现实的了解”[Liu Kang y otros, 1996, p. 53]。这部作品的客观性强于前者，因为作者是在旅居美国期间对媒体进行的分析。

可以注意到，中国知识分子在20世纪90年代所经历的重大思想转变并非官方宣传的结果，有三个因素可以与这种现象联系在一起。它们构成了民族主义复兴的政治、学术和个人原因。

从政治角度看，民族主义讨论的重新兴起恰恰是在中国经济飞速增长10年之后，也是两极对抗结束之时。尽管西方国家赢得了冷战，但中国知识分子意识到美国及其盟友很快就将实施“冷和平”战略。他们认为，前苏联和东欧的政治和经济转变并不像人们希望的那样迅速而成功，因为西方国家利用了其前对手最虚弱的时刻以确保他们屈服。

与苏联不同，改革开放政策的成就使中国经济在20世纪80年代末获得了高速增长。物质进步引发的民族自豪感使中国人对未来充满信心，但这种情感却因众多中国知识分子心存忧虑而黯然失色，他们的担忧在于美国不会允许在国际舞台上出现一个与其争夺领导地位的主角。

恰恰是在 20 世纪 90 年代，西方出现了鼓吹“中国威胁论”的文章，指责中国经济的繁荣“将被用来加强军事力量，因为这是中国推行扩张主义政策和侵略远东的必要手段”（参见第二章第 80 页脚注中列举的著作）。

萨缪尔•亨延顿在《外交》（Foreign Affairs）上发表的《文明的冲突》一文加重了中国知识分子的怀疑。作者在文中指出冷战结束后世界上的对抗不是政治—意识形态问题造成的，而是文化造成的 [Huntington, 1993]。中国知识分子特别注意到了文中有关西方国家的主要威胁来自伊斯兰文化和儒家—佛教文化的观点，这进一步验证了他们对西方阵营反对中国增长的认识 [Wang Jisi (ed.), 1995b]。

总之，民族主义讨论在冷战结束后的出现是有其内在原因的，虽然现实情况（更确切地说，就是中美关系的发展）应该能够验证上述讨论在多大程度上是本能反应，在多大程度上是经得起时间考验的思想理论。

从学术角度来看，那些曾有过留学经历的中国知识分子可以感受到中国千年文明与乳臭未干的美国文明之间存在着巨大的落差。因此，美国作为西方“文明”的代表，是一个推行国际霸权主义政策的国家，但美国国内也深受道德沦丧的侵蚀 [“An Interview with Chen Feng…”, 1996, p. 13]。由此产生的认知在于，西方国家对于中国的意义仅仅是提供实现现代化所需的技术知识，所以 80 年代的“迷信西方”将不复存在。

最后，有关 20 世纪 90 年代中国知识分子民族主义情感复苏的个人原因，可以用那些曾旅居美国的中国人的经历来加以说明。由于对西方社会舒适的生活满怀期待，中国学者在亲身感受到语言障碍、文化差异、当地人的漠视和作为留学生在财力上的捉襟见肘后，就产生了巨大的失落感。这些充满艰辛的经历（文化冲击、歧视等）被部分地展现在一部名为《北京人在纽约》的电视剧中。中国观众可以从这部剧中看到中美两国在价值观、特质、文化等方面的巨大差异，这进一步打破了人们对“美国生活方式”（American Way of Life）的迷恋 [Yu Wentao, 1993, p. 4]。

如果对 20 世纪 90 年代中国知识分子界的民族主义思潮进行总结，可以得出的结论是除了 80 年代“反传统主义”和 90 年代“民族主义”之间的争论之外，还需要强调的是中国的知识分子已经开始对如何建立繁荣富强的国家提出质疑，这种现象在其他国家并不多见。

同时，一个在政治上专制的国家至少存在两条思想路线（我们还可以找到具有官方性质的第三条路线），这表明实行改革政策以来，在经济领域之外也存在某种开放和多样化。然而，值得一提的是，在“亲西方主义”与“民族主义”之间的犹豫不决，是中国学术界某种不成熟的表现，尤其是考虑到中国巨大的文化财富就更是如此了。

另外，90 年代还存在着一种自发的（即非官方的）

民族主义思想路线，它可以形成运动核心，试图打破共产党对知识产品的垄断，其论据充实，并在民众中引起共鸣。这种文化民族主义认为西方的价值观威胁到发展中国家的传统和生活方式，中国也无法置之度外。因此，对这一运动的发展提出的疑问在于随着相互依存性和全球化的日益加强，这一运动是否懂得去吸收借鉴。

如果对这一命题的回答是肯定，则意味着中国将从参与国际体系的行动中受益，因为在这个过程中民族主义的贡献是保护和推动自身的身份认同。但是如果回答是否定的，那么它对领导层的影响将导致中国采取一种挑战现状的政策，这势必不利于地区和全球稳定。

关于20世纪90年代国际关系现实主义学派对中国学者和决策者的影响，文献显示中国最知名的学者不仅强调国际关系中以国家为中心的理念，而且也十分关注使用“强权政治”的好处、有必要对提上议事日程的问题进行优先排序、存在（或不存在）“具有中国特色”的国际关系理论等问题。

使用强权政治的重要作用是显而易见的，因为整个世界就是一个处在激烈竞争中的主权国家互动的场所。前文提到的何新曾把国际体系比喻成一个狼和羊共存的世界：

“羊群建起围墙自我保护，这并非软弱的表现，而是为了免遭被狼吃掉的厄运。但是从狼的角度看，这些围墙

是没有必要的，甚至是一种诱惑。”[He Xin, 1996, p. 335]

也许以前很少对中国的现实主义拥护者之所以关注这个问题的原因进行分析：在其潜意识里“国耻”的谜团挥之不去。正是出于这个原因，尽管相互依存性和多边主义已经是不可否认的现实，但他们并不愿去了解这些力量正在如何改变国际体系的格局。相反，中国的现实政治拥护者更倾向于从他们的国家如何利用“外部框架”捍卫国家利益的角度去认识日趋明显的跨国化趋势[Yan Xuetong, 1996, p. 18]。

有关如何对议事日程上的问题进行排序，中国的“现实主义者”与西方的现实主义者有所不同。西方人将安全视为“高政治”，将经济社会问题视为“低政治”，而中国人恰恰相反。这种认知是由于中国人认为冷战后国际政治的特点在于“综合国力的较量”，其中社会问题不容忽视 [Zhao Xiaochun, 1995, pp. 2-5]。这里需要强调的是中国人口占世界总人口的 20% 以上。

最后，关于是否存在“具有中国特色”的国际关系理论的讨论主要围绕着 20 世纪 80 年代改革派领导人提出的“中国特色社会主义”理论进行，因此现有的政治方向是不可否认的。1994 年 5 月，北京大学、中国人民大学和中国外交史学会共同召开了一次重要的研讨会，主题是明确国际关系理论中“中国特色”的组成要素。梁守德认为，这些要素包括：

“国家权益、改革发展论和生产力标准。”[Liang

Shoude, 1994, pp. 15-16]

其他学者也认同缔造国际关系的中国理论是“有可能的”。例如，倪世雄、金应忠和冯少雷就认为应考虑下列因素：（1）捍卫国际和平的立场；（2）拥护和平共处五项原则；（3）采用中国的语言、行为和思维方式 [Ni Shixiong, Feng Shaolei y Jin Yingzhong, 1989, pp. 181-184]。

尽管上述分析证明了国际关系理论中现实主义思想的优势，但也应该承认其他观点在中国也很活跃，例如理想主义学派。

与现实主义不同的是，国际关系中的理想主义学派强调国家和非国家主角在国际舞台上具有同等重要的作用，而且将国际政治视为“正和”游戏（多赢）——不同于现实主义的“零和”游戏。另外，理想主义学派还认为多边主义、相互依存性和国际章程对国际动荡具有缓冲作用。具体来讲，理想主义认同贸易、共和制、制度化、规范化、跨国互动等对和平的贡献 [Nye, 1988, p. 246]。

在中国20世纪90年代出版的著作中，很多都运用了这些概念。甚至在1994年的亚太经合组织高峰会议上，中国前主席江泽民在讲话中都好似西方的自由主义者：

“……经济关系、贸易交流、科技发展、环境保护、人口控制、禁绝毒品、预防犯罪、防止核扩散和防治艾滋病等诸多方面，都是全球性的问题，无一不需要

开展合作。”[“Discurso del presidente Jiang…”, 1994]

应该强调的是，20 世纪 80 年代初中国加入了世界银行和国际货币基金组织，1986 年申请加入关税与贸易总协定（英文缩写为 GATT，是 1995 年成立的世界贸易组织的前身），并在 2002 年加入了世界贸易组织。这些国际机构在先前的 20 多年里都被视为“资本主义堡垒”。

但是，自由派的言论，特别是来自官方的表态，还是应该有所顾忌，因为运用这些表述是出于策略上的考虑，并非表示真正领会了那些思想。第一个例子是在“手段而非目的的变革”发生时，第二个例子是在“目的和手段的变革”发生时 [Levy, 1994, pp. 279-312]。

中国社会科学院前副院长李慎之的论断是具有建设性的：

“国家、主权和国界的概念将因为国际组织和跨国公司而发生变化，由此带来的改变不会像过去的变动那样仅仅影响权力的分配……国家主体和国际准则也将受到影响，非国家主体和当地的价值观将得到巩固……各国必须通过多边合作才能找到共同的解决办法。如果中国选择沙文主义，那么无论对自己还是对整个世界来说都将是一场灾难。”[Li Shenzhi, 1993, p. 5]

1995 年出版的另一部书考察了相互依存性和全球化对国际关系的影响。共有下述 10 个因素影响着主权民族国家的优越性：（1）国家与民族之间的不一致，（2）国家能力的削弱——导致职责减少，（3）缺乏文化认同，（4）合法性日益降低，（5）国际组织作用的提升，（6）军事干预的增多，（7）非政府组织得到加强，（8）经济相互依存，（9）全球性危机加剧，（10）传统外交作用下降 [Wang Yizhou, 1995, pp. 39-40]。

还可以用来佐证的研究案例包括信息和生产变革如何影响思想领域和人类行为 [Zhu Wenli, p. 79]、地区安全中相互依存的有利因素 [Yu Bin, 1996]，甚至集体安全的隐含价值 [Wang Jianwei y Lin Zhiming, 1992, pp. 902-917] 等。

自由主义日益扩大的影响在关于安全防御的研究中特别引人注目。一位学者曾表示：

“……我们生活在一个全球社会，一个国家的稳定与其他国家的安全息息相关。维护共同利益越来越得到广泛的认同……军事领域的对话与合作不仅有利于应对共同威胁，也有助于维护国际稳定。正是因为有这样一个安全观念，采取以互信为基础的政策将优先于使用或威胁使用武力。” [Tang Tianri, 1997, p. 4]

然而，需要指出的是很多情况下理想主义言论都被用来缓解现实主义者的忧虑：只要对中国构成了某种威胁，相互依存现象就会成为研究的对象，不管其自身价值或连带的隐含利益如何。具体而言，这些成果主要是从全球化将如何影响中国国内稳定的角度来进行分析的

[Wang Yong, p. 113]。

中国现实主义学派的主流地位前景如何？当前主导中国的国家利益认知发生了一些改变，这与下列因素有关：理论的内聚性和自由派观点的学术严谨性有所增强；对现实主义典范的笃信受到侵蚀。

理论的内聚性是指"闭门造车"式的理想主义讨论具有稳固性和凝聚力（有助于学术严谨性），而且对社会上盛行的价值观和制度十分青睐。一项政策（这里指对外政策）之所以得到贯彻执行，不仅是政策制定者的信仰、权力和影响力产生作用的结果，也是它得到"被治理者"认同的结果。在后毛泽东时代，自由派学者和官员的地位有所提高，这促进了其思想观点的传播，这些观点要么反映了他们所处环境的价值观，例如社会环境（大多数中国人对最近 25 年来取得的政治和经济成就深感自豪，尤其渴望享受安逸的生活），要么反映了他们从西方学习并吸纳的知识。另外，随着越来越多在"改革开放"的大潮中出国留学的年轻一代加入到国际关系理论的研究中，变革的可能性进一步凸显。

关于损害现实主义思想的各种弊端，将"国家利益"定义为"整个国家"意愿的代表，意味着将内政与外交分割开来，因此也就无法解释"国家利益"是如何构成的。这导致无法用有说服力的论据来解释中国对外政策的根源（即使存在一系列属于整个国家的利益，个人、各个机构、各个地区对这些利益的认同度也会千差万别[4])。相反，如果国家利益“客观存在”且“属于集体”，那么是否存在某种无法捍卫国家利益的对外政策呢?

在国家利益的现实主义思想开始形成思维框架，并被对外政策的决策者所采纳之后（包括对可能发生的事件抱有何种期待——现实证明不会总是天遂人愿），理想主义学派因关注政治的内在因素和内外因素的相互关联而成为一个有关国家利益的替代性的（和跨越性的）理论选择。因此，能否成为范式将完全取决于获得的成就和业绩。

20 世纪 90 年代，为实现经济现代化，中国力求从国际体系提供的机遇中获益。出于这个目的，中国放弃了 50—60 年代盛行一时的革命话语，转而采用务实性的、功能性的语言来阐述国家利益。现今，中国面临的难题在于如何回应（弥补）外部环境。一些学者甚至对“趋利避害”的困境表现出某种“无奈”[He Xin, 1996, p. 23]。

作为本节结论，可以指出的是，与大部分中国学者对中国共产党制定的方针表示尊重一样，很多政府官员对专家的成果也十分关注，因为后者是思想理论发扬光大的源泉。领导层采纳了国际关系思想理论的主流学派——现实主义学派的观点就证明了这一点。

另一个问题是邓小平时代的非意识形态化本身是不是一种意识形态，因为邓小平的名言“实事求是”已经成

4. 当前为配合“改革开放”的发展而制定的对外政策，既没有考虑到改革的受益者（消费者、农业、轻工业、沿海地区），也没有关注到改革的受损者（生产者、重工业、内地省份）。

为信条。它对有关国际关系特点的讨论产生的影响体现在过度实用主义，对意识形态、宗教和价值观的作用嗤之以鼻。培育中国现实主义的另一个源泉在于和平共处五项原则以及中国对国际关系中无政府主义和冲突性的认识，这些因素强化了有关主权的“威斯特伐利亚”思想的基础（尽管这是为了抵销霸权主义和强权政治的影响）。

总之，中国的现实主义思想（虽然表面上是一个整体）仍然具有旺盛的生命力，但同时又是引发争议的焦点。一个能够容忍自由派思想生存发展的中国将向世界展示更加重视合作、更加遵守国际社会准则的姿态，最终将有助于推翻“中国威胁论”的假设。但是，由于中国正致力于“国家建设”（主要包括领土完整、经济现代化和国内稳定），因此放弃现实政治是比较困难的。持续的经济增长将带动综合国力的提升，这将促使中国在不久的将来至少对周边地区提出更多的实权要求（而非徒有虚名的权力）。[5]

第二节 战略思想的主导观点

作为对知识分子的回应和解决战略忧虑的指导[6]，战略学说和中共中央政治局常委制定的政治路线共同成为中

---

5. 一个例证是中国在 2002 年 10 月朝鲜半岛爆发第二次核危机时展示出的主角姿态，这场危机一直持续到现在（2010 年）。

6. 以及战略科学的理论贡献。

国战略思想的支柱（第一章中已有介绍）。下文将对中国战略思想的主旨学说进行介绍和分析，但需要强调的是，中国战略思想并非体现在某个文件中，而是通过对国务院或外交部发布的一系列出版物进行归纳总结才能勾勒出全貌的，这些资料并非所有人都能不受限制地查阅。

这些在 2004 年和 2005 年发布的文件，汇集了前几章提到的那些国际问题专家的思想观点（他们的成果在 20 世纪 90 年代就已经广为流传）。这表明，中国政府在制定战略时吸纳了学者们的知识贡献。

首先要介绍的是 2004 年出版的《中国外交白皮书》，此书由时任外长李肇星作序，由中国外交部政策规划司编写。李肇星在书中指出：

“中国新一届的中央领导积极参与国际事务，审时度势，树立了大国开放、善意、务实、富有责任感的清晰形象。” [China's Foreign Affairs 2004 Edition, p. 1]

这个论断在《中国外交》一书的“结论”部分得到了进一步补充完善，这部著作由隶属于国务院的一家出版社出版发行。这些结论指出：

“……中国致力于走和平发展的道路，最简单明了的原因是，在以和平和发展为主题的时代，中国——作为社会主义国家——下定决心通过维护世界和平走自我发展之路，又通过自身的发展维护世界和平……中国的和平发展之路是一条国内发展和对外开放并举之路。中国是拥有近 13 亿人口的最大发展中国家，面临诸多严峻问题……实现中国的经济发展和整个民族的繁荣需要几代人的努力。在这个历史进程中，我们需要稳定的内部环境，也需要和平的国际环境。在外交领域，我们将坚持和平与合作，我们将团结世界其他民族共同推进和平和发展事业……事实已经证明并将继续证明，中国的和平发展对任何一个国家来说都不是威胁，而是机遇……放眼未来，中国决不会谋求霸权主义，也不会争夺势力范围，更不会成为超级大国。”[La Diplomacia de China, 2004, pp. 174-180]

有关中国对整个世界发展的贡献，在 2005 年 12 月发表的一份报告中也得到了阐述。这份由国务院新闻办公室发布、题为《中国的和平发展道路》的报告指出：

“中国是当今世界上最大的发展中国家。13 亿中国人民走和平发展道路，无疑为人类和平与发展的崇高事业增添了极其重要的积极因素……走和平发展道路符合中国人民的根本利益，也符合人类社会发展进步的客观要求。”

另一份相关报告是与《中国外交》为同一家出版单位的、与《中国外交白皮书》同期出版的《中国国防》。需要指出的是，这份报告介绍和详细阐述的思想就是在 1 个月后通过《国防白皮书》（正式名称为《2004 年中国的国防》）公之于众的思想。《中国国防》在阐述有关中国的安全问题时，有一点与《中国外交白皮书》存在差别，这为完善我们对中国战略思想的了解提供了一个新视角。在第一章“权利与责任”中这样写道：

“进入 21 世纪，虽然世界大战的惨祸逐渐在人们的记忆中淡去，但天下并不太平，强权政治仍然存在，战争根源仍然存在……在国际社会迄今还没有强制执行机制足以制止战争的情况下，加强国防就成为各个主权国家生存与发展的要务。” [La Defensa Nacional de China, 2004, pp. 7-8]

报告又进一步阐述了战略与安全的有关内容：

“中国既是一个幅员辽阔的陆地大国，又是太平洋西岸海域辽阔的濒海大国……这种地理特征，既使中国有向陆海两个方向发展的需求与机遇，也使中国负有繁重的陆海两个方向的防卫任务……中国地处大国地缘战略利益的交汇区，国家安全很大程度上受大国战略角逐的影响，安全环境呈现不稳定和不确定性的特征……中国在世界地缘战略结构中所处的这种独特位置使中国的安全在很大程度上取决于各大战略力量在这一地区的战略意图、战略力量对比和战略角逐的态势与结局。因此，中国国防是被动的、反应式的。” [La Defensa Nacional de China, 2004, pp. 10-11, 14-17]

在同一章节中，副标题“国家生存的严峻挑战”则阐述了有关安全的耐人寻味的内容：

“中国是一个主体部分已经获得政治独立但国土又尚未完全实现统一、正在和平崛起但又遭遇诸多阻力的发展中国家……台湾分裂主义势力是对中国国家安全最为严峻的挑战……在因台湾问题可能引发的两岸武装冲突中，存在着外部力量进行武装干涉，从而导致中国与外国发生武装冲突的可能性。”[La Defensa Nacional de China, 2004, pp. 27-28]

这部报告中耐人寻味的内容还有关于中国经济发展对世界的重要作用，这与《中国外交》中的观点略有不同。在《中国国防》第一章的结尾处这样写道，“中国的发展壮大不仅是中华民族之福，也是世界之福。但是，世界上总有一些人怀着十分复杂的心情看待中国的发展……他们不愿意看到中国这么快就与他们平起平坐，以致对他们主导的现存秩序与既得利益构成威胁。”[La Defensa Nacional de China, 2004, p. 30]

报告第二章以“国防政策”为题，详细介绍了中国取得的进步：

“中国国防是自主性的，它不依附于任何人……依靠自己的力量保障国家安全，坚持独立自主地根据事实本身的性质做出自己的战略判断，独立自主地进行国际决策。中国从大量历史教训中认识到，加入以排他性、对抗性为特征的军事集团往往会把自己绑在别人的战车上，不但不能有效维护国家安全，而且还往往容易引发冲突……中国国防是自卫性的，不对任何人造成威胁，不会侵犯任何人……中国不搞军事扩张，不在国外建立军事基地或军事势力范围……中国不称霸，即便将来发展起来了、强大了，也永远不会称霸……中国国防政策的特点，不是主观的任意性的规定，而是由中国的战略文化传统、当代中国社会的政治基础、中国独特的发展道路决定的一种必然选择。” [La Defensa Nacional de China, 2004,pp. 31-33 y 35]

第二章以副标题的形式，将“战略文化传统的延续”作为一个单设的段落，这是因为它揭示了中国战略思想各个维度中的相关因素，而本书的章节正是按照这些维度划分的。

“任何一个民族的战略思想都可以从它的战略文化传统中找到遗传密码。这是因为战略文化传统既不是一天之内形成的，也不是可以轻易消失或变异的……具有五千年文明史的中华民族是世界上酷爱和平的伟大民族之一……与鼓励海外扩张的资本主义商业文明不同，中国的农业文化孕育了中华民族‘以和为贵’的战略文化传统。在五千年的文明史上，尽管中国也发生过许许多多的战争，但几乎找不到向海外军事扩张的战例……中国历代先辈一贯提倡‘不以兵争天下’，认为‘国虽大，好战必亡’‘兵者，实不得已而用之’。” [La Defensa Nacional de China, 2004, pp. 35-37]

在介绍了中国战略思想的渊源之后，还有一些引人入胜的内容：

“新中国的国家政权来自人民，属于人民。它必须而且只能为人民的利益服务。有力地保障人民从事和平的劳动……改善人民生活，增进人民福祉，这是新中国人民政权的唯一任务和唯一宗旨，除此之外，没有任何其他任务和宗旨。因此，中国最希望长期的和平与稳定，最反对动乱与战争，更不用说对外扩张战争……中国的国家发展战略决定中国不可能离开发展大局去无限发展军事力量，更不可能放下经济建设，把宝贵的国家资源消耗于毫无意义的侵略战争之中。” [La Defensa Nacional de China, 2004, pp. 39-41]

报告最后强调了军事战略思想，如“积极防御”的必然结果。在第二章第四个副标题下这样写道：

“与中国国防政策的防御性相一致，中国在军事战略上实行积极防御的方针。其基本内涵是：在战略上，它是防御的，后发制人的；而不是进攻性的，先发制人的……在策略上，要发挥主观能动性，这主要体现在灵活运用各种军事和非军事手段，把战争的危害减少到最低限度……在新的历史条件下，中国强调，贯彻积极防御战略方针要做好准备，应对高技术条件下的局部战争……这是新中国成立以来的一次重大调整，是中国战略理论的重大发展……中国认为，未来面临全面战争的可能性较小……而且在高技术迅速崛起并广泛应用于军事领域的情况下，战争将不再是一般技术条件下的战争。” [La Defensa Nacional de China, 2004, pp. 46-48]

对上述重要文献的部分内容进行介绍之后，可以对本节结论进行归纳。需要指出的是，中国战略思想的要义——尽管研究者很难用文献资料的方式进行跟踪——可以根据战略决策职能机构，如国务院、外交部等发布的报告中提到的有关概念观点勾勒出大致的轮廓。

据观察，中国现在的领导层希望中国的“大国”地位得到承认，希望中国摆脱“居心不良”（即野心勃勃或直接称霸）或“不负责任”（即不尊重习惯、不遵守条约和国际法）的标签。后冷战时代中国在国际体系中被赋予的职责是维护和平，尽管这与农业文明的特点所决定的战略文化传统、历史经验、历史先辈的思想贡献、政治基础和选择的发展道路都不无关系，但主要还是出于中国经济自身发展的需要。

中国希望得到承认的事实是，其经济发展也将造福于世界其他国家，且中国并不谋求放弃和平政策（即使发展到相当水平也是如此）。上述两个表态（前者与中国人口占世界总人口的 23% 有关）似乎意在向世界各国提供两个选择，要么参与中国的增长，要么阻碍人类进步。面对这种两难，第一种选择可能是（根据中国报告提供的依据）“不可回避的”，因为不仅要考虑中国在经济上的重要地位，而且国际体系也需要一个公开承诺维护和平的大国。

此外，“因地理特征”的表述也很值得思考，这是由于中国因陆地疆域向西延伸，而海域向东延伸的地理位置而具有“自我发展”的“机遇”。这种表述可能与试图在周边地区获得某种主导权有关（首先是东亚，但中亚和南亚也不能忽略），这不禁使人想起古代王朝时期盛行一时的以中国为中心的国际体系。

中国维和部队

尽管中国防御性的国防政策一再被重申，但仍然需要强调的是，台湾的“分裂主义活动”是安全的最大挑战，因此无论是支持台独的台湾当局领导人，还是境外的干涉势力（根据1979年通过的《与台湾关系法》，美国承诺将动用武力阻止一切针对台湾的威胁），都是重点关注对象。那么，这里我们还能找到中国放弃建设国际和平环境的动因吗？

“世界上总有一些人认为中国对他们主导的现存秩序与既得利益构成威胁”这一表述也值得关注。这里是指“中国威胁论”的论调，它认为中国的增长将导致一个威胁“世界”和平和安全的大国的崛起，而中国的增长（以及由此带动的政治、经济、文化、科技的发展）只会触及独霸世界权力者的利益是对“中国威胁论”的有力驳斥。

报告中还有很多旗帜鲜明的表态，诸如：多边外交并不意味着建立对抗性的集团，中国在海外没有军事基地（这是对“中国威胁论”的有力驳斥），为满足人民需要中国政府不会把资源消耗于侵略战争。

国防政策的积极防御原则，虽然保证了军事力量的非进攻性，但从“积极”二字上可以看出这个原则意味着可以动用权力以消灭一切威胁。这个目的从实际操作上看，表示除了谋求在周边地区重建政治、经济、文化和科技主导地位以外，中国还将把军事力量作为战略要素之一。

最后需要强调的是，尽管2002年中国开启了“第四代”领导人执政周期，但本节介绍的官方文件与20世纪90年代“第三代领导人”执政时期的知名学者在学术研究中倡导的原则并不矛盾（本书已做介绍）。

第三节 战略考量与安全行动

中南海领导层确定的安全行动一方面来源于对当前中国与国际体系（以及随之而来的战略忧虑）的一系列认知，另一方面也来自相关的战略要义。这类行动以中国战略思想的精髓——战略考量为基础。本节力图对这两个问题加以介绍和分析，相关资料全部来自中国文献，对安全行动的预测以中短期为时间界限（即从21世纪初期开始至2015—2020年）。

在中国最近两代领导人看来，[7] 中国的主要战略目标在 1978 年就已经得到明确：通过经济改革提升综合国力，不在国际竞争问题上分散精力 [8][Jiang Zemin, 1995, p. 36]。这个目标有利于维护中国国家利益，保护其三个基本组成部分（参见第三章）。另外，在国际领域，提升综合国力与展现中国“大国”地位的多极世界的形成存在因果关系。

为实现上述目标而进行的战略考量的依据在于“有限最大化”，[9] 因为中国必须尽最大努力增强各方面的实力，但又不能制造对立，这样才能避免一切可能影响综合国力提升的冲突 [Kim, 1999, pp. 123-124]。根据战略考量而采取有效的行动将使中国一举两得：一方面，有助于打消伙伴国家对“中国增强实力是为谋求主导地位”的疑虑（因此对外援助不可中断）；另一方面，有利于创造和平的国际环境，为中国集中力量提升综合国力创造条件（因此中国不会分散资源）。

对于这个问题，中国前外长认为中国的战略考量不应忽视以下因素：

“（1）与支持经济一体化和金融援助的地区和全球组织进行合作，（2）避免一切外部控制，（3）倡导中国自己提出的有关国际新秩序的主张，（4）保持周边

7. 即“第三代”和“第四代”领导人，他们的主要代表分别是中国国家主席江泽民和胡锦涛。

8. 这里将国际竞争作为国际合作的对立面。

9. 所谓“有限最大化”也称为“获取非对称优势”，指以最小的代价获得尽可能大的利益。

地区稳定，（5）以第三世界的名义对外发声。”[Qian Qichen, 1993, pp. 8-11]。

钱其琛外长的主张得到了沙祖康的补充：

◆国际社会的核心原则，包括在联合国宪章中明确规定的和中国在“和平共处五项原则”基础上提出的原则；

◆解决争端的标准、和平手段的使用，以及——对于无法马上解决的问题——耐心等候合适时机再加以解决的机制；

◆预防一切武装冲突，反对霸权主义政策和军事同盟，限制合法范围内的武器采购[10]及向他国转手武器；

◆防范核风险的措施，对无核国家不威胁使用也不使用非常规武器，对有核国家不率先使用核武器；

◆促进经济发展，增强经济合作，推动贸易关系，加深科技交流，支持地区性经济组织；

◆改进安全机制，尊重每个行动体的多样性和复杂性 [Sha Zukang, 1995, pp. 25-26]。

从洲际角度来讲（即欧亚大陆），中国试图利用美国与欧盟的分歧，削弱美国在亚洲的影响，巩固与欧盟的关系。因此，中国主张后冷战时代的国际秩序“确实”是多边性的，这将有助于形成美国、欧盟、中国之间的三极格局。这意在改变苏联解体后形成的以美

10. 这里指“符合国防需要”。

国、欧盟、日本为主的格局。虽然苏联解体导致美、欧、日之间已经没有理由再保持同盟关系，但仍然形成了"一个超级大国、若干个中等强国"的权力分配格局 [Gao Heng, 1998, p. 8]。

中国学者认为，1996 年 3 月在泰国召开的第一届欧亚首脑会议标志着美国—欧盟—日本轴心的瓦解，预示着欧亚关系将进一步密切，美国的全球影响力将显著下降。对于这个问题，中国国际战略学会的研究员程风（音译）指出，"这是历史上第一次美国没有参加的重要国际会议" [Cheng Feng, 1998, p. 3]。

对于地区局势，中国希望亚太地区的国际新秩序发挥保障作用，以取代日美同盟。在此作用之下，认可俄罗斯、日本和美国等利益相关国家的参与（按此顺序）。对周边局势给予必要的关注意味着中国自 20 世纪 90 年代初开始实施"睦邻"政策，这既是为扭转西方国家在天安门事件之后对中国的孤立，也是为打消美国因赢得冷战和后冷战时代第一场战争（如解放科威特）而表现出的极端乐观态度。

伴随李鹏总理及其他政府官员的高层访问，中国在 1990 年与新加坡、在 1991 年与文莱、在 1992 年与韩国、在 1992—1993 年与属前苏联的 4 个中亚国家建立了外交关系[11]；在 1990 年与蒙古和老挝、在 1991 年与越南实现关系正常化；在 1990 年与印度尼西亚恢复外交关系；

11. 哈萨克斯坦、吉尔吉斯斯坦、塔吉克斯坦和土库曼斯坦。

自 1991 年起与印度关系不断改善；自 1992 年起开始推动与日本的经贸关系；在 1992 年与俄罗斯签订了有关共同边界非军事化的协议。

关于日本，中国作出了两方面的战略考量，一方面相信（也许是希望）日本会利用美国地位下降的机会提高自主性，因此有可能采取与中国加强合作的政策 [Zheng Yin, 1996, p. 199]。另一方面，中国又担心（理由更充分）日本不仅要向美国争取更大的行动自由，而且（在经济高速增长的基础上）还试图在东亚地区称霸。这种主导地位有可能使日本在 2020 年成为主要经济强国，掌握与美国同级别的非常规武器，并遏制中国的“和平崛起” [He Xin, 1996, p. 3]。

中国现代国际关系研究所的学者严向军（音译）认为，“美国地位的下降导致越来越多的国家敢于对这个冷战的胜利者说‘不’……但这并不意味着美国将放弃统治全球的思维，因此我们有可能看到美国将动用武力维护其领导地位”[Yan Xiangjun, 1994, pp. 1-2]。

刘江永的观点也很值得关注，他不久前曾担任中国现代国际关系研究所日本研究中心主任。他认为，“美日防卫合作指针的修订取决于遏制中国的相互利益……这份文件将中国视为两国的假想敌人”[Liu Jiangyong, 1998, p. 121]。

北京针对美国采取的策略可以用两手抓来形容，也就是说根据具体情况既要拉拢，又要防范。拉拢的手段对于打消美国对中国崛起的各种顾虑是十分必要的，这可以通过增进日常的政治、文化和体育交流来实现。防范则是要瓦解美国旨在阻挠中国提升实力、影响力和地位的一切努力。这种两面政策的合理性在于美国仍然是经济强国，这种地位使美国成为中国重要的贸易和投资伙伴，同时也是世界领导权的争夺者 [Yi Xiaoxiong, 1994, p. 681]。

无论是拉拢还是防范都另有打算，有的明显，有的隐晦。公开的目的在于说服美国认可中国是作为地区和国际稳定力量而崛起的。因此，中国希望美国承认中国实力的提升是不可避免的（甚至是理所应当的）。隐晦的目的则在于，对一个“持合作态度”的中国实施徒劳无功的遏制政策，一方面将阻止美国在周边地区开展各种军事行动（这可以避免中国陷入军备竞争），另一方面也将阻止美国深化与东京和台北的关系 [Yi Xiaoxiong, 1994, p. 685]。

对于最棘手的问题，诸如亚洲和西方国家指责中国具有称霸野心，中国不仅予以驳斥，还通过揭露这些国家使用“双重标准”来对待国家之间的武器采购，重申中国的军费开支相对而言并不庞大、[12] 中国没有在境外派驻军队和建立军事基地、中国的邻国掌握更先进的军事装备等给予反驳 [“Statement of Foreign Minister Qian Qichen…”, 1993, p. 11]。

有关上述问题引发的安全行动，国防问题专家杨建

---

12. 中国是世界上军人数量最多的国家，但其军费开支排在世界第6位。

勇（音译）指出：

“中国应学会如何把握面前的机会巩固其地位、实现自我发展，以及在周边地区展开行动……应善于处理涉及战略利益的各种三角关系：中国—美国—日本组成的主要三角关系，以及中国—日本—东盟、中国—日本—俄罗斯、中国—印度—巴基斯坦、中国—日本—韩国、中国—朝鲜—韩国等 5 个次要三角关系。” [Yang Jianyong,1996, pp. 10-12]

由此可见，中国知识分子的共同希望是 21 世纪中国外交将建立一种“新的、合作的、和平的、民主的、和谐的”国际政治经济新秩序作为奋斗目标，它有别于过去 500 年里以各国反霸权斗争为特征的旧秩序。在这项伟大的事业中，美国甚至也被赋予了使命，中国学者将其归纳为“真正多极化中的帝国”、最终将降格为“普通大国”、将“以体面的且平静的姿态”接受这种地位 [Xu Ming,1997, pp. 17-18]。

那些具有远见卓识的学者希望从大战略的角度，找到中国最适宜采取的对美行动。正如彭谦所说：

“一个开放的中国符合美国利益，因为通过相互依存和彼此的市场，双方可以交换资源，利用经济互补性……如果美国坚持遏制中国的政策，中国将不得不重新关闭大门，这对双方都没有好处……一个繁荣的中国符合美国利益，因为有助于美国继续拥有一个巨大的出口市场，避免生产停滞，确保政治稳定……一个稳定的中国符合美国利益，因为世界五分之一人口将安居乐业……如果美国不干涉台湾和西藏问题，中国就不会对美国在亚太的利益产生影响。” [Peng Qian, 1996, pp. 247 y 256]

由此可见，中国在后毛泽东时代所采取的国际行动似乎已经从“依附论”转向新现实主义，其基本理念在于认同世界各国的相互依存性，因此毛泽东时代的两只“毒蛇猛兽”（相互依存和国际劳动分工）毫无阻挡地成为改革开放政策的重要组成部分。

在新方向的指引下，中国放弃了成为第三世界领袖的追求，其对外政策褪去了革命的光环（以强制手段改变国际秩序），其经济战略成为“具有中国特色的”的新重商主义（相互依存性被视为单行道，西方国家向中国提供所需的利益却没有任何交换条件）。在国内问题上，这一战略体现了与政治经济制度相关的所谓“市场列宁主义”，其特点是实施国家干预以便获得最大限度的贸易顺差、国际援助、技术转让和外国直接投资 [Kim, 1995, pp. 53-55]。

毛泽东领导下的中国，不仅采取自给自足型发展模式，而且是第三世界中唯一一个只提供、却不接受对外援助的国家（这使中国获得了不同寻常的道德权威）。与毛泽东时代所不同的是，自 1978 年实行改革开放政策以来，中国发生了 180 度的大转弯。最大的变化在于中国逐渐融入资本主义经济、利用国际劳工专业化分工、为争取外国投资而与第三世界国家竞争，并且减少了不合时宜的言论。之后的 1977—1987 年，中国经济规模实现了翻两番，1988—1995 年，中国经济再翻一倍。

在话语权上，中国保持了作为第三世界国家的传统作法，无论是出于政治原因（重视多国集团在某些问题上发挥的作用，如在联合国人权委员框架下处理中国人权状况），还是经济原因（1993 年 5 月，用来衡量各国经济规模的“购买力平价”指数出炉，中国的数值 4 倍于先前的预测，[13] 导致中国被迫失去了获得开发性软贷款的资格）。

作为本节结论，需要指出的是，中国的安全行动有三个突出的特点，这反映在其对外政策和国防政策上，一是完全非意识形态化的实用性，致力于经济增长和推动与国际社会的友好关系；二是更加积极地参与多边外交，特别是政府间组织，力图最大限度地获取非对称优势；三是无论在边境地区或是他国领土都避免使用武力。

为充分利用 1978 年以来的改革开放政策提升综合国力，中国试图营造多边国际格局，并在其中充当主角（但非主导）。上述地位有助于维护和平、安全、且最终惠及改革开放政策的国际环境。

出于这个目的，中国的战略考量旨在不制造任何紧张对立的情况下，帮助中国外交以最小代价换取最大利益。因此，政治、经济、文化和科技手段优先于军事手段。这突显了中国与整个周边地区（即东北亚和东南亚、中亚和印度次大陆）及欧盟发展友好关系的重要性，意

13. 由 4000 亿美元提高到 1.6 万亿美元。

味着中国的利益将辐射至整个欧亚大陆。同时，中国不信任美国和日本的行动（无论作为个体还是作为同盟），但出于经贸关系的考虑仍然与之保持开放的通道。

中国学者对这项战略的影响表现得十分乐观，因为它有利于形成一个不再因争霸而充满对立的国际体系，而这正是互利共赢的局面。经济上的相互依存性和互补性是产生“非战”原则的重要原因，无论在其实践过程中还存在多少争议成分，与毛泽东时代相比，这都可谓是思想领域的根本性转变。

第四节　中国战略新思想对国际体系的影响

在“弱国无外交”的信条下，中国的国际问题专家们还提出应关注有关中国发展方向的建言献策对国际体系产生的影响。对自身形象和当前国际体系的认知、有关国家利益的思想特征以及由此产生的战略忧虑（和从战略要义角度做出的回应），使对外政策远离了 20 世纪 70 年代末之前一直坚持的革命立场，转而采取实用主义策略，放弃政治–军事事务的优先性，赋予经济工作更重要的地位。上述各种变化无论在国际体系层面还是地区层面都产生了不同的反响。

后毛泽东时代的对外开放政策是按照如下宗旨确定的：“为提升综合国力，就必须进行国际合作”。因此，在一种近乎新现实主义（认同各国的相互依存性）的语境下，中国最大限度地从占主导地位的资本主义体系中受益，而把对其主权的损害降至最低。

具有明显讽刺意味的是“新”中国在援引关于国家主权的“旧”威斯特伐利亚原则的基础上提出建立国际“新”秩序。使用西方提出的“国家主权”和“国家间平等”的原则去捍卫和影响有关国家利益和国际秩序的定义也同样显得自相矛盾，因为这些原则是 19 世纪中期以来帝国主义列强为瓜分中国而打出的幌子。

对国家利益和国际秩序有关思想的解释与中国共产党官方信奉的意识形态——马克思主义渐行渐远。与当前提升综合国力的目标——多边体系的形成是必要条件——更接近的是民族主义学说中的现实主义标准，而不是卡尔•马克思的说教。

因此，中国的国际行动证明了其短期内的对外政策和安全政策以忍让、防御为特点，而中期政策则具有改良主义色彩。只有当中国经济突然减速或台湾当局引发现状突变时，才有可能出现方向性的逆转。在地区范围内，所谓“周边关系”以“睦邻友好”为特征，旨在建立和平稳定的、利于中国现代化的国际环境。

在话语权上，中国学者主张通过建立和平、稳定、公正、合理的，以和平共处五项原则和“承认世界多样性”为基础的政治经济新秩序，实现“和平与发展”的目标。为此，中国政府已经“准备好毫不懈怠地与其他国家开展合作”[Sha Zukang, 1995, pp. 20-21]。

在力求探寻中国在国际政治领域的意图时，至少在中短期内要从全球角度和地区角度分别加以研究。前几节介绍和分析的内容,特别是有关中国周边地区的论述，展示了中国最真实的利益所在。在那些涉及全球问题的论断中，很多都十分注意文字上的修饰，但实际上却缺乏与国家利益的直接关联。

因此，中国渴望建立一种“中国的地区秩序”，近百年来历史进程的加快将赋予它不同于鸦片战争之前时代（动荡不定的）的政治、社会文化和经济特点，但是从本质上讲中国仍然希望重建以自身为中心的格局。

实际上，根据本书所做的判断，中国战略思想是出于建立地区秩序的需要，中期内只有东亚被包含在内，这符合阿诺德•沃尔弗斯在对那些对外政策中体现出“自我扩张”意图的国家进行分析时提出的理论框架。“自我扩张”意味着改变现状，其目的或是为掌握更大权力，或是为实现领土扩张或征服其他民族，也有可能为收复失地、完成未竟的事业或重获失去的地位。对于中国，它表现为提升综合国力、重塑周边地区秩序、收复台湾和重振往日辉煌的意愿（在尊重他国和充当主角的前提下）。

沃尔弗斯认为，为实现上述目标，行动体将不可避免地诉诸武力。但具体到中国，在本书分析的时间段内，掌握必要的武装力量只是为震慑对手。也许在本书讨论的时间段外，中国将遭遇某种军事抵抗，这可能会促使其领导层考虑使用武力。

但是，在国际体系层面会发生什么呢？莫德尔斯基[14]和汤普森的著作（当代国际政治周期理论的先锋派作品）可以作为理论工具来预测2015—2020年中国对外政策的走向。这两个学者认为，在经济增长长期预测的基础上（根据康德拉季耶夫波动理论[15]），并运用霸权周期理论，得到的结论是有关国际体系领导权的“宏观决策”阶段[16]不会在2030年之前到来 [Modelski y Thompson, 1996, pp. 4-10]。

因此，没有理由认为当前美国在军事、经济或政治文化领域的主导和主角地位将发生转变。美国的地位，以及中国继续获得外部经济和技术援助的需要，证明了在本书分析的时间段内只要不发生前文提到的突发性变化（经济减速或台湾危机），两国关系将维持现状。

作为本节结论，需要指出的是，根据中国处理国际问题的有关态度，它在国际体系中是作为新现实主义或现实主义拥趸者的姿态出现的，同时在地区范围内仍然是最传统和老派的现实主义者。同时需要澄清的是，在

14. 乔治•莫德尔斯基，美国华盛顿大学政治学教授，提出了国际政治的长周期理论。1996年与威廉姆•汤普森合著《主导产业和世界大国：全球经济与政治的协同进化》。——译注

15. 康德拉季耶夫（1892—1941），前苏联经济学家。1925年，他在美国发表《经济生活中的长波》一文，提出资本主义经济生活中存在着45—60年的长期波动。这被人称为康德拉季耶夫周期。——译注

16. 指莫德尔斯基长周期理论中“领导周期”的第三个阶段，即全球战争阶段，其特征是大范围严重的暴力，并解决了领导权问题。——译注

国际体系中中国通常采取纯粹外交修辞式的态度，因此其外交表态不一定涉及具体的承诺。

作为改革者的国际定位意味着中国不仅远离了毛泽东时代的立场观点，而且也将安全问题视为头等要务——因为在短期内中国仍将采取宽容忍让的态度。只有在处理与邻国的关系时，随着实力的增强，中国才会逐渐做出一些改变现状的举动。2015—2020 年，中国将试图推动阿诺德·沃尔弗斯所说的“自我扩张”，其表现在于重建一种更符合中国利益的东亚秩序，以及获得各国尊重和世界主角地位。

在对全书进行总结之前，将向读者呈现一组能够准确界定未来 10—15 年中国外交行动的可能性选择。

第五章 中国的中期愿景（外交领域）

上一章中提到的中国对外政策的变化趋势，即谋求“自我扩张”，在地区范围内意味着试图重建符合国家利益的周边秩序，在全球范围内意味着获得尊重和主角地位，但无论在国内还是在国外都有可能发生争端或危机（这有可能应验莫德尔斯基和汤普森有关 2030 年后全球体系的领袖将发生变化的预测）。

具体到中国，一系列“常规性的”争端（有别于那些可能产生“体系变革”的争端）和有助于推动国际合作的计划一样，都有可能在那个时期进入白热化。经过细致入微的筛查，可以确定中国在中期内的对外发展可能出现三种情况，对外政策也相应地表现为“合作”、“破裂”或“混乱”。

第一节 选择“合作”

在中国经济不发生减速的情况下——而是基本实现了经济政策的既定目标，中国就会采取体现康德思想的外交行动，其依据在于以下四个方面：一是国际关系的伦理主义视角，二是中国战略文化（特别是儒家传统、孙子思想和采用非暴力策略保护中原的理念），三是倡导“理想主义”、“国际主义”、对国家实力的预测比较保守的学者提出的主张，四是根据对国际体系现状的分析做出的战略考量。

这种“合作”是指认同且自觉履行国际体系的有关承诺，也就是迈克尔•多伊尔（Michael Doyle）[1]所说的“自由实体”。这位学者认为，在“自由国家”中应该形成一个免受外来干涉的“和平区域、和平联盟”，“虽然因经济或战略领域的利益冲突而存在分歧和对立”，但不应构成军事对抗的依据 [Doyle, 1983, pp. 211-213]。

如果中国在外交上更加“自由”，且在国际体系中倡导合作精神，就将打消世界各国对中国崛起所产生的

1. 迈克尔•多伊尔，美国国际关系问题专家，“民主和平论”的代表人物，著有《康德、自由主义遗产与外交事务》。——译注

负面影响的各种疑虑。虽然中国以这样的方式“自我扩张”可能会形成某种权力，最终在2030年对美国构成挑战，但中短期内的合作态度对美国以及后冷战时代国际舞台的主角们而言无疑是利好,因为它们都是自由民主国家。

一个合作的中国将因为迎合了苏联解体后的国际秩序，特别是其准则、机制、制度、经济和安全政策等，而显得与众不同。无论在联合国体系，还是在经济相互依存性和集体安全制度下，中国都将被看作独特的主角，这将进一步强化多伊尔所说的“和平区域”。放弃使用武力解决国际争端将使这一区域获得更大的经济优势，中国也将从中受益。这种外交行动的另一个含义在于，接受现状意味着放弃了一切争当修正主义强国或现实挑战者的努力（或外在表现）。

从理论上如何解释中国采取这种态度的可能性呢?这里可以提供三个依据：一是强调经济相互依存性具有安邦作用的自由主义理论，二是注重国际体系中权力易变性的理论，三是基于核革命后果的理论。下面将对这三个依据进行简要阐述。

第一个支撑中国采取合作行动的依据在于，只要中国实力的增强得益于参与自由经济秩序（其中贸易的相互依存性将有助于出口带动的增长），就没有理由认为中国将放弃和忽视这种参与。考虑到中国还存在很多欠发达的经济部门，解决经济问题尚需时日，因此中国的参与还将得到进一步巩固。根据这种思想路线，即使中国依托经济的繁荣人力发展武装力量，加剧了诉诸武力的风险，为达到充分利用出口能力的目的，中国也将继续留在现有的国际经济秩序之内 [Betts, 1993/1994, pp. 25-27]。

第二个能够解释中国采取合作态度的理由在于国际体系中权力的易变性。列强们过去对中国采取的孤立主义早已时过境迁，当今时代的权力不再产生于压迫和暴力，而是更多地取决于经济效率、政治合法地位和社会共识。产生这种变化的原因是多方面的，学者们也看法不一。约翰•缪勒(John Mueller)[2]认为，战争之所以过时，主要与它在当代世界产生的破坏力有关 [Mueller, 1989, p. 9]; 巴里•布赞(Barry Buzan)[3]和杰拉尔德•西格尔(Gerald Segal) [4]则认为这是"后现代"国家发展的结果，受世界主义和追求经济利益的影响，这些国家放弃了领土扩张和战争 [Buzan y Segal, 1996, p. 14]；理查德•罗斯克兰斯（Richard Rosecrance）[5]的观点是征服活动付出的代价远远大于获得的收益 [Rosecrance, 1986, pp. 13-14]。

---

2. 约翰•缪勒，美国政治学家，著有《残留的战争》等。——译注

3. 巴里•布赞，英国学者，主要研究西方国际关系，哥本哈根学派的创始人之一，著有《人民、国家和恐惧：国际关系中的国家安全难题》等。——译注

4. 杰拉尔德•西格尔，英国学者，1999年曾在美国《外交季刊》（Foreign Affairs）上发表文章，提出中国未来最好的发展前景，充其量不过是一个"二流的中等强国"。——译注

5. 理查德•罗斯克兰斯，美国政治学家，著有《大战略的国内基础》等。——译注

对中国成为合作国家的第三种解释来自所谓核革命。这种观点认为，核武器掌握在少数国家手中为所有与国际体系现状格格不入的立场划定了明确的界线。这种非常规武器不仅有可能造成相互摧毁，而且会为企图拥有或发展核武器的国家增加沉重的财政负担，因此维持和平是最佳途径 [Jervis, 1989, p. 21]。

由此可见，一个更倾向于与他国合作的中国将为实现国际社会的共同目标而努力，因此选择合作将使“重建地区秩序和在国际场合更多运用外交辞令的目标”出现细微变化。

第二节　选择“破裂”

中国有可能选择合作的同时，也有可能选择“破裂”。这种可能性与莫德尔斯基和汤普森的预测并不一定是矛盾的，因为有关国际体系领导权的“宏观决策”阶段不会在 2030 年之前到来，但是它表明中国有可能将建立符合其利益的地区体系作为头等要务。对于这种选择之所以称之为“破裂”，是因为一旦奏效势必影响现有的东亚秩序（特别是美国作为主导者的利益），随之而来的后果是打破第二次世界大战结束后建立的权力格局。

这种将打破地区现状凌驾于各国共同利益之上的趋势或许与下述因素相关：一是世界观（特别是“中国在国际秩序中的核心地位”和“民族自豪感”等因素），

二是战略文化（特别是中国军事作战的经验——通过控制边疆地区保护中原和使用非暴力手段控制边疆），三是中国的“新型安全观念”，四是主张“现实主义”和“新现实主义”以及对中国实力持乐观态度的学者提出的观点，五是针对美国、东盟和日本的战略考量，六是“积极防御”的军事策略。

采取破裂主义立场可以用国际关系理论，特别是现实主义来解释。罗伯特·吉尔平（Robert Gilpin）[6]认为：

“一个正在崛起中的国家出现裂痕，主要是由于体系的统治方式与体系中的权力分配之间日益扩大的分歧。尽管声望产生的等级秩序、土地分配、体系的规范和国际劳动分工更有利于传统上处于统治地位的国家，但体系的统治方式所依赖的权力基础已经因国家之间不同程度的发展而受到侵蚀。国际体系组成部分之间的分歧为支配国提出了挑战，也为新兴国家提供了机遇。”[Gilpin, 1981, p. 186]

吉尔平的观点认为新兴国家之所以采取破裂主义立场，是因为这是重塑国际体系、并使其符合自身需要和利益的唯一途径。这种立场将遭到支配国及其盟友的抵制（它们受益于现有体系的安排），它们不会毫无抵抗地就把特权拱手让出。因此，新兴国家在无法获得与其

6. 罗伯特·吉尔平，美国普林斯顿大学教授，著名的国际关系和国际政治经济学学者。著有《世界政治中的战争与变革》《国际关系政治经济学》《全球政治经济学：解读国际经济秩序》等。——译注

实力相匹配的权威时将不得不选择关系破裂。

重塑现有体系的努力还受到国际政治不确定性的推动，因为它导致各国积蓄能量以应对一个不可知的未来可能出现的风险。对于新兴国家而言，只要变革的代价不超过或相当于变革带来的利益，这种破裂主义行动就不会停止。

要建立符合中国国家利益的地区体系应该采取何种策略呢？下面，我将提供三种可能出现的情况来展示中国在东亚的"主导地位"。首先，中国关注并参与所有与东亚秩序相关的重要国际问题，以保证问题的解决符合中国利益。然后将确保地区秩序有利于提升中国的实力和威望（或至少不会下降）。因此，中国政府将在东亚地区具有战略意义的政治、经济和科技事务中尽可能地以最小代价换取最大利益。这种政策将不排除谋求整体利益的可能，特别是当整体利益不对中国自身的利益构成威胁时。

这种趋势将损害美国及其地区盟友（日本、台湾地区、大部分东盟国家和韩国）的利益，因为它们主要的政治利益（第二次世界大战结束以来美国提供的保护伞继续存在、国家界线的保持、不扩散制度的可行性、海上运输线的维持）之所以得到维护，部分原因在于缺少一个能够构成威胁的角色。

其次，建立符合中国利益的地区秩序还表现在中国希望其邻国投其所好，或者接受可能遭受外交压力，甚全威胁使用或直接使用武力的现实。中国将拥有操控先进军事力量的优势，而且掌握着是否动武的自决权。但这种可能性不是说中国肯定会不断诉诸武力，而是说中国将倾向于诉诸武力，因为掌握更大的权力与成功地使用权力直接相关。因此，军事手段将成为中国对外施压以确保实现已超越国家生存的更远大目标。

最后，中国将寻求地缘政治的优势，这基于以下原因：一是在中国的大部分历史时期拥有的相对优势，二是权力的扩散和尖端技术的掌握引发的政治控制。这个目的脱胎于前文提及的两个目标——但有所强化——同时本身还会导致与“附庸国”的联合、寻求针对中立国的否决权和对手（或明或暗）的遏制。

第三节　选择“混乱”

如果不对最悲观的可能性加以考虑，对中国未来的分析就是不完整的。也就是说，“自我扩张”的目标受到国内发展的驱使，而这种发展既需要在地区范围内重建符合国家利益的秩序，也需要在全球范围内赢得尊重和主角地位。之所以将这种选择称之为“混乱”，是因为中南海的领导层要应对来自国内和党内的政治、经济和社会动荡，就不得不在惊涛骇浪中前行，在追求国际理想的道路上精疲力竭。

杰克 •A• 戈德斯通（Jack A. Goldstone）[7] 认为，后冷战时代的国际体系将不会与新兴的中国势不两立，因为“在未来的 15 年中，中国将遭遇毁灭性的危机”[Goldstone, 1995, p. 35]。中国的崩溃可能出于以下原因：

从经济角度看，高增长不可能维持很长时间，因为需要采取一种多管齐下的策略，投资、信贷、技术转移、管理技术等都要兼顾，而不能仅仅依靠生产要素的密集型使用，即优先考虑生产率。同时，经济增长速度有可能随着外贸不景气导致的资本收入减少而下降。这是因为出口导向型的增长战略要求到 2020 年，仅美国一个国家与中国的贸易逆差就要达到 6 万亿美元（相当于 GDP 的近 50%），从政治上看美国不会允许这种情况出现 [Goldstone, 1995, p. 37]。另一个有关经济秩序的分析认为中国的脆弱性来自两方面的障碍，一是国有企业效率低下，二是坏账对金融体系的负面影响 [Mulvenon, 1997, p. 89]。

社会方面的原因在很大程度上是经济原因导致的，而且还加剧了其负面后果。沿海富裕地区和内陆贫困地区之间的发展差异，加上官僚机构普遍的腐败，就构成了林肯 • 凯伊（Lincoln Kaye）所说的社会动荡之源，最终将动摇中国共产党制度的合法地位 [Kaye, 1995, pp. 18-

7. 杰克 •A• 戈德斯通，美国社会学家和政治学家，主要研究社会运动、国际关系等。著有《早期现代世界的革命与反抗》《国家、政党与社会运动》等。——译注

21]。有关中国社会现实的第二份文献认为中国人口的增长、民族构成的多样性、农村人口向城市的大量转移，以及农业生产的下降，都有可能造成经济增长中断和政治动荡 [Mulvenon, 1997, p. 93]。此外，还有学者认为环境的恶化、饮用水的缺乏和粮食收成的不足将影响居民健康，并成为中国与邻国之间发生争端的导火索，最终损害中国的实力 [Brown, 1995, pp. 4-6]。

在政治方面，中国领导层没有能力避免以地域（沿海地区）或社会阶层（执政党精英）为基础、威胁国家凝聚和民族团结的新的权力中心崭露头角并发展壮大，它们最终会形成利益集团，妄论时政，要求变革（例如要求政府改变对经济的干预力度、改革步伐和财政政策方向等）[Shirk, 1993, pp. 34-38]。

中共还被指责失去对社会的控制力（由于自身政策对新兴资产阶级构成威胁）、抛弃了历史上曾经作为权力基础的社会阶层（农民和工人），以及受到腐败的严重侵蚀。所有这些都让人不禁想起昔日王朝覆灭的前夜 [Goldstone, 1995, p. 52]。

另一个论据有关中国人民解放军的独立性，它在权力格局中的自主性以及职能的转换（例如保卫国家免受外来侵略、保卫中国共产党免受一切国内反对势力威胁、保护人民免遭政治势力的肆意侵犯）饱受质疑 [Joffe, 1996, pp. 435-439]。

这种因经济、社会和 / 或政治因素导致的混乱局面将严重影响中国在国际舞台获取国家利益的努力，更有甚者，为解决国内冲突中国将不得不采取更加低调的姿态以及消极的外交态度，并因此受到孤立。[8]

这种可能性在中短期内相对较小，因为中国在经历了30多年的高速增长后却崩溃败乱将是一种一曝十寒的现象，这在国际经济史上实属不同寻常。而如此异常的情况一旦发生，就会以其排山倒海之势，对这个世界上人口最多的国家及其他国家造成灾难性的打击。尽管存在这种预测，但需要指出的是，一些西方学者认为中国的崩溃将导致一个民主中国的兴起，这将是一个“积极”的信号，需要从外部加以推动 [Swaine, 1995, pp. 104-109]。

除了经济因素以外，在有可能造成动荡的其他因素中，社会因素与经济的运行息息相关，因此如果未来的经济增长不低于近10年的平均水平（7%—9%），社会问题就不会任意发展并影响国家稳定。

对于政治因素，可以肯定的是，只要中共有能力满足社会的物质需求而且——至少是最低限度地——允许公民社会的持续发展，就不会产生大规模的威胁。这将有助于中共政权的巩固，既不会产生政治替代（1949年以来一直实行一党制的结果），也不会在党内出现一个强势的“民主派”，而这些现实对于中国普通百姓来讲并不陌生。

作为本节总结，可以指出的是，中国在中短期内可

8. 出于这个原因，一些学者称这种选择为“孤立主义” [Swaine y Tellis, 2000, p. 186]

能做出的上述三个选择都有以实事为基础的重要依据。

然而，有关“混乱”的选择，可能性相对较低，因为它完全取决于经济变量出现失控,而这既是中国政府，也是其他任何一个主要国家不希望发生的异常现象（虽然必须要承认政治上的决策并非总是合理的）。

有关“合作”和“破裂”的选择，给出的依据更倾向于后者，这是以下三个原因造成的：一是历史赋予中国重建中华帝国时代地区秩序的使命，二是中国领导层的专家智囊团中主张现实主义、民族主义、对中国未来持乐观态度者占据了上风，三是中国有必要在2030年后国际体系可能出现的变革——如莫德尔斯基和汤普森所言——到来之前在周边地区建立权威。

下面，将对全书结论进行归纳，以回答“中国将向何处去”的问题，同时还将阐述——以引言部分的假设为基础——中国是否有意成为冷战后国际体系的主角。

结论

通过对中国战略思想的三个基本维度，即历史维度、认知维度和理论维度的介绍和分析，可以从中提炼出一系列论据，以回答“中国在国际舞台将向何处去”的问题（将涉及的时间范围界定为中期）。

需要强调的是，使用大量的中国文献资料增加了结论的精准度，因为可以从中了解对外政策领域的中国学者是如何认识、思考和建言献策的。由于西方世界，特别是拉美国家缺少来自中国的一手资料，所以正如引言部分所述，这不啻为一种额外的价值。

正如我们已经知道的，中国战略思想的历史维度揭示了下述现实：

- ◆中国的世界观围绕以下核心问题：（1）中国在世界秩序中的中心地位；（2）保持文化本质的必要性；（3）仍然对国耻耿耿于怀；（4）存在强烈的民族自豪感。中国国际政治问题的专家和决策者相信中国文化的独特性，认为中国有权在世界各国中享受特殊地位；
- ◆战略文化深受儒家学派、孙子思想和中国历史军事经验的影响，认为应通过积极干预边疆地区保卫中原，但较少使用武力；
- ◆借古鉴今，注重战国时期的策略，当时一个新兴国家（秦国）征服了邻国，最终推翻了衰落的王朝（周朝）；
- ◆新的安全观要求中国在东亚地区采取主动出击的政策。

而中国战略思想的认知维度则揭示了以下现实：

- ◆根据中国对自身形象的认知，在国际范围内中国应被视为地区强国（这赋予其特殊的地位），同时中国将东亚视为理所当然的势力范围；
- ◆国家利益在于保卫中国的政治制度（以中国共产党为核心）、实现领土完整、维护国际体系的和平；
- ◆对当前国际体系的认知包括存在多极权力格局和主要行动体地位衰落，这些都为建立新的国际秩序创造了有利的时机；

◆出于维护国际和平的需要而产生的战略忧虑旨在确保经济发展的可持续性，因为这是中国政治制度巩固的保障。

最后，对中国战略思想理论维度的研究得出了如下结论：

◆国际关系现实主义学派和“民族主义”思想占据了主导地位，表明中国整体实力提升将成为最重要的任务，这将有助于中国行使在东亚地区的领导权；

◆战略思想中有关中国发展能够造福世界、建立以中国为中心的国际秩序、实施“积极防御性”军事战略的效用等主导观点一直存在；

◆在为实现有限最大化而进行的战略考量下，采取了一系列安全行动，旨在削弱美国在亚洲的相对地位、成为东亚安全的保障者，以及破坏美国阻碍中国提升实力、影响力和地位的一切努力；

◆中国战略思想对国际体系产生的影响在于：（1）在国际范围内与美国共存，而美国继续保持其主角地位（保证中国从其经济援助中受益），（2）在地区范围内实施“自我扩张”，例如改变现状以建立中国为中心的地区秩序。

从以上因素中，中国在对外关系领域的中期愿景包括选择“破裂主义”，因为中国将把建立符合自身利益的地区体系作为头等任务（比谋求国际合作以实现国际社会目标更重要）。因此，东亚地区自第二次世界大战结束以来的秩序将受到影响。

总之，在中国谋求成为后冷战时代国际体系主导者的假设下，根据对中国战略思想的分析，中国在中期内将试图成为东亚次体系主角的命题已经得到了证明。

根据本书对战略层面进行的探讨，以上是未来 15 年中国对外政策的总体走向。某些“计策性”的细节将随着事态的发展逐渐明朗，可据此对中国将如何运用外交手段有所了解。

最后，按照“大国”的定位，或者更确切地说，地区主角的定位，中国打造权力基础，与美国长期争夺后冷战时代国际体系主导地位的话题已经超出了本书的讨论范围，但是可以为今后10年着手进行的研究提供启示。

原著参考文献

中国学者的一手和二手资料

"An Interview with Chen Feng, Author of The Grand Portrait of China-US Confrontations", en Contemporary International Relations, (Beijing: Chinese Institute for Contemporary International Relations), Vol. 6 No 8 (1996).

蔡贤伟，《中国大战略：领导世界的蓝图》，海口，海南省出版社，1996 年。

程风（音译），《1997 年的国际战略形势》，载《国际战略研究》第 47 卷第 1 期，1998 年 1 月。

陈启懋，《跨世纪的世界格局大转换》，上海，上海教育出版社，1996 年。

"China Must Be Ready to Fight a World War" en Sing Tao Jih Pao (Hong Kong), 24 de mayo de 1999.

Deng Xiaoping "Speech at the Special Session of the U.N. General Assembly" en Beijing Review No. 16 (19 de abril de 1974), pp. 6-11.

Deng Xiaoping, "La Actual Situación y Nuestras Tareas" en Textos Escogidos de Deng Xiaoping – Tomo II (1975-1982)

(Beijing: Ediciones en Lenguas Extranjeras, 1984a).

Deng Xiaoping, "Persistir en los Cuatro Principios Fundamentales" en Textos Escogidos de Deng Xiaoping – Tomo II (1975-1982) (Beijing: Ediciones en Lenguas Extranjeras, 1984b).

Deng Xiaoping, "La Reforma, Camino Imprescindible para el Desarrollo de las Fuerzas Productivas en China" en Textos Escogidos de Deng Xiaoping – Tomo III (1982-1992) (Beijing: Ediciones en Lenguas Extranjeras, 1994).

Deng Xiaoping, Deng Xiaoping Wenxuan [Obras Escogidas de Deng Xiaoping] (Beijing: Renmin Chubanshe [Beijing: Editorial Popular], 1993).

Department of Policy Planning, Ministry of Foreign Affairs (PRC), China's Foreign Affairs - 2004 Edition (Beijing: World Affairs Press, 2005).

丁幸豪，《世界格局转型期中的美国》，载陈启懋主编《跨世纪的世界格局大转换》，上海，上海教育出版社，1996 年。

新华社，《江主席在亚太经合组织首脑会议上的讲话》，1994 年 11 月 15 日。

新华社,《钱其琛外长在46届联合国大会上的讲话》, 1992 年 10 月 1 日。

杜厚文, 冯特君主编,《当代世界经济与政治》, 北京, 北京师范大学出版社，1986 年。

Far Eastern Economic Review (Hong Kong), 13 de agosto de 1992.

Far Eastern Economic Review (Hong Kong), 23 de junio de 1993.

冯特君主编,《当代世界政治经济与国际关系》,北京,中国人民大学出版社,1987 年。

"For Peace in Asia, the Pacific Region and the World" en People's China (Beijing, 17 de septiembre de 1952).

高恒,《世界大国关系的新特点》,载《世界经济与政治》1998 年第 1 期,1998 年 1 月。

高锐,《中国上古军事史》,北京,军事科学出版社,1995 年。

Guan Shijie, "Cultural Collisions Foster Understanding", en China Daily, 02 de septiembre de 1996.

Hao Yufan y Huan Guocang "Chinese Foreign Policy in Transition" en Hao Yufan y Huan Guocang (eds.) The Chinese View of the World (New York: Pantheon Books, 1989).

何杰等,《我相信中国》,北京,中国城市出版社,1997 年。

何新,《中国复兴与世界未来》,成都,四川人民出版社,1996 年。

胡鞍钢,《中国下一步》,成都,四川人民出版社,

1996年。

黄硕风,《综合国力论》,北京,中国社会科学出版社,1992年。

黄迎旭，《漫议中国古代军事思想中的民本精神》，载《中国军事科学》第34卷第1期，1996年春季。

Information Office of the State Council of the People's Republic of China, White Papers of the Chinese Government - Vol. 1 (Beijing: Foreign Languages Press, 1996).

Information Office of the State Council of the People's Republic of China, White Papers of the Chinese Government - Vol. 2 (Beijing: Foreign Languages Press, 2000).

Information Office of the State Council of the People's Republic of China, White Papers of the Chinese Government - Vol. 3 (Beijing: Foreign Languages Press, 2002).

Information Office of the State Council of the People's Republic of China, China's Peaceful Development Road (12 de diciembre de 2005) [en internet http//:www.Govt-WhitePapers.china.org.cn].

江泽民，《中国对东亚政策》，载《和平杂志》，1995年3月。

《谨防冷战思维抬头》，载《人民日报》，1996年1月26日。

《中国国防》，北京，五洲传播出版社，2004年。

《中国外交》，北京，五洲传播出版社，2004年。

Li, Cong, “The Changing World Situation” en Foreign Affairs Journal (Beijing: Chinese People’s Institute of Foreign Affairs), No 15 (marzo de 1990).

李际均，《战略文化》，载《中国军事科学》第 38 卷第 1 期，1997 年春季。

李慎之，《全球化：21 世纪的大趋势》，载《科技导报》，1993 年 6 月 3 日。

梁守德，洪银娴主编，《国际政治学概论》，中国编译出版社，1994 年。

梁守德，《论国际政治学的中国特色》，载《国际政治研究》，1994 年第 1 期。

Liang Yufan, “The Rise of China and Asian Regional Security” en Journal of the Shanghai Institute of International Studies Vol. 1, No 1, 1994.

Lin Xiaoguang, “Japan Seeks Greater Role in the World” en Beijing Review No 5-6 (03 al 16 de febrero de 1992).

刘春志,《孙子与当代军事斗争》,载《中国军事科学》第 33 卷第 4 期，1995 年 1 月。

Liu Ji, “Choices for Sino-American Relations in the Twenty First Century” Discurso ante el Centro Fairbank de Estudios sobre el Este Asiático, Universidad de Harvard (27 de mayo de 1997).

刘江，《中美关系的现状和发展趋势》，载《世界形势研究》，1997 年第 27 期。

刘江永，《中日关系与新美日防务指导方针》，载《1998 年国际形势分析报告》，北京，战略与管理出版社，1998 年。

刘靖华，《二十一世纪 20 ~ 30 年代中国崛起及外交战略选择》，载《战略与管理》第 17 卷第 3 期，1994 年。

刘康等，《在妖魔化中国的背后》，北京，中国社会科学出版社，1996 年。

刘振环，《《联合国海洋法公约》评述（下）》，载《国防》第 15 期，1996 年 11 月。

陆石（音译），《注定破灭的白日梦》，载《光明日报》，1995 年 8 月 25 日第 3 版。

Lu Zhongwei, "On China-US-Japan Trilateral Relations: Comments on Their Recent Exchanges of Top-level Visits" en Contemporary International Relations Vol. 7, No 12 (Beijing, diciembre de 1997).

马铃（音译），《跟张召忠上校面谈》，载《星岛日报》（香港），1997 年 5 月 17 日。

Mao Zedong, "The Chinese People Have Stood Up" en Selected Works of Mao Tse-tung Vol. 5 (Beijing: Foreign Languages Press, 1977).

糜振玉，《中国国防发展构想》，北京，解放军出版社，1988 年。

倪世雄，冯绍雷，金应忠，《世纪风云的产儿：当代国际关系理论》，杭州，浙江人民出版社，1989 年。

牛军，《多事之秋：中美关系的现状及前景》，载《美国研究》1995 年第 4 期。

Niu Junfeng “The New Security Concept and the 21st Century National Security Mode” en People’s Liberation Army Pictorial (enero de 1998).

Oficina de Información del Consejo de Estado de la República Popular China, China en 2005 (Beijing, enero de 2006).

Oficina de Información del Consejo de Estado de la República Popular China, La Defensa Nacional de China (Beijing, julio de 1998).

Pan Tongwen, “New World Order, According to Mr. Bush” en Beijing Review No 43 (28 de octubre-03 de noviembre de 1991).

Beijing Foreign Languages Press, A Brief History of Modern China (Beijing, 1954).

彭光谦，姚有志，《邓小平战略思想论》，北京，军事科学出版社，1994 年。

彭谦等，《中国为什么说不》，北京，新世界出版社，1996 年。

“President Jiang’s Report to the 15th CCP National Congress”, en People’s Daily, 12 de septiembre de 1997.

“Qian Qichen on Major International Issues” en

Beijing Review, No 41 (11 al 17 de octubre de 1993).

"Qian Qichen Discusses World and Foreign Affairs" Agencia Noticiosa Xinhua [Nueva China] (30 de diciembre de 1996).

《人民日报》，1997 年 3 月 4 日。

《人民日报》，1997 年 3 月 26 日。

《人民日报》，1998 年 9 月 28 日。

任融融（音译），《大东盟的崛起和中国的对策》，载《亚太参考》第 38 期，1996 年 9 月 16 日。

Sha Zukang, "A Chinese View of the World Situation and the New International Order" en Harris, Stuart y Gary Klintworth China As A Great Power: Myths, Realities and Challenges in the Asia-Pacific Region (New York: St. Martin's Press, 1995).

宋强等，《中国可以说不：冷战后时代的政治与情感抉择》，北京，中央文联出版社，1996 年。

Song Xinning, "Building International Relations Theory with Chinese Characteristics" en Journal of Contemporary China, Vol. X, No 26 (2001).

"Statement of Foreign Minister Qian Qichen at the United Nations" en Beijing Review, No 41 (11 al 17 de octubre de 1993).

《苏联剧变之后：中国的现实应对与战略选择》，载《中国青年报》1991 年 9 月 14 日第 2 版。

孙中山,《三民主义》,台北,中国出版公司,1975年。

Sun Zi, The Art of War -traducción del Gral. Samuel Griffith- (London: Oxford University Press, 1971).

Tan Eng Bok "Strategic Doctrine" en Segal, Gerald y William T. Tow Chinese Defense Policy (London: The Macmillan Press, 1984).

唐天日,《安全合作的新模式》,载《瞭望》1997年第31期。

唐永胜,《综合安全与大战略》,载《世界知识》1996年第20期,1996年10月16日。

唐永兴,《中美关系进入一个新的历史阶段》,载《世界形势研究》1997年第26期。

万光,《美国的社会病》,成都,四川人民出版社,1997年。

Wang Guang, "World Pressed for a New Political Order" en Beijing Review Vol. 32 No 1 (02-08 de enero de 1989).

王沪宁,《文化扩张与文化主权》,载王缉思主编《文明与国际政治》,上海,上海人民出版社,1995年。

Wang Jianwei y Lin Zhiming, "Chinese Perceptions in the Post-Cold War Era" en Asian Survey Vol. 32 No 10 (octubre de 1992).

Wang Jisi, "International Relations Theory and the Study of Chinese Foreign Policy" en Robinson, Thomas y David Shambaugh (eds.) Chinese Foreign Policy: Theory and Practice (Oxford, UK: Oxford University Press, 1995a).

王缉思主编，《文明与国际政治：中国学者评亨廷顿的文明冲突论》，上海，上海人民出版社，1995 年。

王逸舟，《当代国际政治析论》，上海人民出版社，1995 年。

Wang Yizhou, "The Asia Pacific Economic Cooperation: Conceptions, Conditions and Relations among Big Powers" en American Studies in China Vol. 519 (enero de 1992).

王勇，《论相互依存对我国国家安全的影响》，载梁守德，洪银娴，《国际政治学概论》，中国编译出版社，1994 年。

Wang Zhongren, "China Threat Theory Groundless" en Beijing Review (16 de julio de 1997).

《维护人权还是干涉内政？》，载《人民日报》1996 年 3 月 29 日。

翁杰明主编，《与总书记谈心》，北京，中国社会科学出版社，1997 年。

吴春秋，《广义大战略》，北京，时事出版社，1995 年。

萧功秦，《民族主义与中国转型时期的意识形态》，载《战略与管理》，1994 年第 4 期，第 21~25 页。

肖炼，《关于美国经济扩张政策》，载《人民日报》1999 年 6 月 8 日。

许明主编，《关键时刻：当代中国亟待解决的 27 个问题》，北京，今日中国出版社，1997 年。

Yan Xiangjun, “A Survey of Current Asian Pacific Security” en Contemporary International Relations Vol. 8 No 7 (julio de 1994).

阎学通,《西方人看中国的崛起》,载《现代国际关系》1996 年第 9 期。

阎学通，《中国国家利益分析》，天津，天津人民出版社，1995 年。

阎学通，《中国崛起的国际环境评估》，载《战略与管理》第 20 卷第 1 期，1997 年。

阎学通，《中国崛起的国际安全环境》，载《1998 年国际形势分析报告》，北京，战略与管理出版社，1998 年。

杨建勇（音译），《关于我国周边安全环境的分析与思考》，载《亚太参考》第 34 期，1996 年 8 月 19 日。

Yi Xiaoxiong, “China’s U.S. Policy Conundrum in the 1990’s” en Asian Survey, Vol. 34, No 8, (agosto de 1994).

Yu Bin, “The China Syndrome: Rising Nationalism and Conflict with the West” en Asia Pacific Issues No 27 (mayo de 1996).

Yu Wentao, “TV Series Tells About Beijingers in New York”, en China Daily, 13 de octubre de 1993.

张文木，《美国的石油地缘战略与中国西藏新疆地区安全》，载《战略与管理》第21卷第2期，1998年。

张沱生主编，《一代领袖们的国际战略思想》，北京，中央文献出版社，1993年。

赵干城，《亚太地区新秩序与中国的责任》，载《国际问题论坛》第2期，1996年。

赵晓春，《论冷战后国家利益的新变化》，载《国际关系学院学报》，1995年第1期。

郑因（音译），《多元化的亚太地区新格局》，载陈启懋，《跨世纪的世界格局大转换》，上海，上海教育出版社，1996年。

中国国际关系史学会主编，《国际关系史论文集》第3卷，1986年。

《中国青年报》，1996年5月4日。

中国社会科学院主编，《当代中国外交》，北京，中国社会科学出版社，1987年。

Zhou Jihua, "A New Starting Point of Japan-US Military Alliance" en International Strategic Studies, No 2 (1996).

朱文莉，《对当前国际关系变化的几点认识》，载梁守德，洪银娴主编，《国际政治学概论》，中国编译出版社，1994年。

Armstrong, David "Chinese Perspectives on the New World Order" en Journal of East Asian Studies Vol. 8 No 2 (verano de 1994).

Barfield, Thomas The Perilous Frontier: Nomadic Empires and China (Cambridge, Mass.: Blackwell, 1989).

Bernstein, Richard y Ross H. Munro The Coming Conflict with China (New York: Knopf, 1997).

Betts, Richard K "Wealth, Power and Stability: East Asia and the United States after the Cold War" en International Security, Vol. 18 No 3 (invierno 1993/1994).

Bodansky, Yossef, "Why Beijing Eventually Expects War with the United States", en Defense and Foreign Affairs Strategic Policy, mayo-junio de 1997.

Brown, Lester Who Will Feed China? (New York: W. W. Norton and Co., 1995).

Buzan, Barry y Gerald Segal "The Rise of 'Lite' Powers: A Strategy for Postmodern States" en World Policy Journal Vol. 13 No 3 (otoño boreal de 1996).

Choucri, Nazli y otros Nations in Conflict: National Growth and International Violence (San Francisco: W. H. Freeman and Co., 1975).

Christensen, Thomas "Chinese Realpolitik" en Foreign Affairs Vol. 75 No 5 (septiembre/octubre de 1996),

Clyde, Paul y Burton Beers The Far East: A History of

Western Impacts and Eastern Responses, 1830-1975 (Englewood Cliffs, NJ: Prentice Hall, 1975).

Dickson, Bruce J., “Unsettled Succession: China’s Critical Moment”, en The National Interest, invierno boreal de 1997.

Ditmer, Lowell y Samuel Kim (eds.), China’s Quest for National Identity (Ithaca: Cornell University Press, 1993).

Dobson, William J. y M. Taylor Fravel, “Red Herring Hegemon: China in the South China Sea”, en Current History, septiembre de 1997.

Doyle, Michael “Kant, Liberal Legacies and Foreign Affairs, Part I” en Philosophy and Public Affairs, Vol. 12 No 3 (verano de 1983). Drake, Fred W. China Charts the World: Hsu Chi-yu and His Geography of 1848 (Cambridge: Harvard University Press, 1975).

Fairbank, John King y Deng Xuyu China’s Response to the West (Cambridge, Mass.: Harvard University Press, 1954).

Fairbank, John King China, Una Nueva Historia (Santiago de Chile: Editorial Andrés Bello, 1996).

Finkelstein, David “China’s ‘New Concept of Security’” en Flanagan, Stephen y Michael Marti (eds.) The People’s Liberation Army and China in Transition (Washington DC: National Defense University Press, 2003).

Fitzgerald, C. P. The Chinese View of their Place in the World (Cambridge: Harvard University Press, 1964).

Garver, John W Foreign Relations of the People’s Republic of

China (Englewood Cliffs, New Jersey: Prentice Hall, 1993).

Gilpin, Robert War and Change in World Politics (New York: Cambridge University Press, 1981).

Godwin, Paul H. B., "Uncertainty, Insecurity and China's Military Power", en Current History, septiembre de 1997.

Goldstone, Jack "The Coming Chinese Collapse" en Foreign Policy, verano de 1995.

Gourevitch, Peter "The Second Image Reversed: the International Sources of Domestic Politics" en International Organization Vol. 32, No 4 (otoño de 1978).

Harding, Harry "Change and Continuity in Chinese Foreign Policy" en Problems of Communism (Marzo-Abril 1983, No 32).

Hunt, Michael H "Chinese Foreign Relations in Historical Perspective" en Harry Harding (ed.) China's Foreign Relations in the 1980s (New Haven, Conn.: Yale University Press, 1984).

Huntington, Samuel, "The Clash of Civilizations", en Foreign Affairs, Vol. 72, No 3 (verano de 1993).

Iriye, Akira "Culture and Power: International Relations as Intercultural Relations" en Diplomatic History, No 2, 1979.

Jervis, Robert Perception and Misperception in World Politics (Princeton, NJ: Princeton University Press, 1976).

Jervis, The Meaning of the Nuclear Revolution (Ithaca, NY: Cornell University Press, 1989).

Joffe, Ellis "Party-Army Relations in China: Retrospect and

Prospect" en The China Quarterly Vol. 146 (junio de 1996).

Kaplan, Morton "The National Interest and Other Interests" en Hans Morgenthau (ed.) International Politics and Foreign Policy (New York: The Free Press, 1968).

Kaye, Lincoln "Fragile China: Affluent Regions Go Their Own Way" en Far Eastern Economic Review (Hong Kong), Vol. 158 (11 de mayo de 1995).

Kegley, Charles W. Jr. y Eugene R. Wittkopf World Politics: Trend and Transformation (New York, NY: St. Martin's Press, 1995).

Kim, Samuel "New Directions and Old Puzzles in Chinese Foreign Policy" en Kim, Samuel (ed.) China and the World (Boulder, Colorado: Westview Press, 2da Edición, 1989).

Kim, Samuel (ed.) China and the World: Chinese Foreign Relations in the Post-Cold War Era (Boulder, Colorado: Westview Press, 3ra Edición, 1994).

Kim, Samuel "China in the Post-Cold War World" en Harris, Stuart y Gary Klintworth China as A Great Power: Myths, Realities and Challenges in the Asia-Pacific Region (New York: St. Martin's Press, 1995).

Kim, Samuel "China" en Kolodziej, Edward y Roger Kanet (eds.) Coping with Conflict After the Cold War (Baltimore, MD: Johns Hopkins University Press, 1996).

Kim, Samuel "China and the United Nations" en Economy,

Elizabeth y Michel Oksenberg (eds.) China Joins the World: Progress and Prospects (New York: Council on Foreign Relations Press, 1999).

Lattimore, Owen “Great Wall and Jungle: China’s Historical Hegemony” en The Nation Vol. 228, No 10 (1979).

Lee Choon Kun, War in the Confucian International Order (Tesis Doctoral de la Universidad de Texas, agosto de 1988).

Lee Hamrin, Carol “Domestic Components and China’s Evolving Three Worlds Theory” en Harris, Lillian y Robert Worden (eds.) China and the Third World (Dover, Mass.: Auburn House, 1986).

Levy, Jack “Learning and Foreign Policy: Sweeping a Conceptual Minefield” en International Organization, Vol. 48, No 2 (primavera de 1994).

Lieberthal, Kenneth y Michel Oksenberg Policy Making in China: Leaders, Structures and Processes (Princeton, NJ: Princeton University Press, 1988).

Modelski, George y William R. Thompson, Leading Sectors and World Powers (Columbia, South Carolina: University of South Carolina Press, 1996).

Morgenthau, Hans y Kenneth Thompson Politics among Nations: The Struggle for Power and Peace 6th ed. (New York: Knopf, 1985).

Mueller, John Retreat From Doomsday: The Obsolescense of

Major War (New York: Basic Books, 1989).

Mulvenon, James (ed.) Annual Handbook on China's Facts and Figures (Gulf Breeze, Florida: Academic International Press, 1997).

Ng-Quinn, Michael "The Analytical Study of Chinese Foreign Policy" en International Studies Quarterly (junio 1983).

Nye, Joseph (Jr.) "Neorealism and Neoliberalism" en World Politics, Vol. 40, No 2 (enero de 1988).

Oksenberg, Michel "China's Confident Nationalism" en Foreign Affairs Vol. 65, No 3 (1987).

Pye, Lucian The Mandarin and the Cadre: China's Political Cultures (Ann Arbor, Mich.: Center for Chinese Studies, University of Michigan, 1988).

Pye, Lucian The Spirits of Chinese Politics: A Psychocultural Study (Cambridge: MIT Press, 1968).

Pye, Lucian "China: Erratic State, Frustrated Society" en Foreign Affairs Vol. 69 No 4 (otoño de 1990).

Robinson, Thomas W. "Restructuring Chinese Foreign Policy" en Holsti K. J. y otros Why Nations Realign (London: Allen and Unwin, 1982).

Rosecrance, Richard N. The Rise of the Trading State: Commerce and Conquest in the Modern World (New York: Basic Books, 1986).

Rosenau, James "China in a Bifurcated World: Competing

Theoretical Perspectives" en Robinson, Thomas y David Shambaugh (eds.) Chinese Foreign Policy: Theory and Practice (Oxford, UK: Oxford University Press, 1995).

Roy, Denny "Hegemon on the Horizon? China's Threat to East Asian Security" en International Security vol. 19 No 1 (verano de 1994).

Sawyer, Ralph (ed.) The Art of the Warrior: Leadership and Strategy from the Chinese Military Classics (Cambridge, Mass.: Shambhala Publications, 1996).

Sellier, Jean Atlas de los Pueblos del Asia Meridional y Oriental (Barcelona: Paidós Origenes, 2002).

Shambaugh, David "A Bibliographical Essay on New Sources for the Study of China's Foreign Relations and National Security" en Robinson, Thomas y David Shambaugh (eds.) Chinese Foreign Policy: Theory and Practice (Oxford, UK: Oxford University Press, 1995).

Shirk, Susan The Political Logic of Economic Reform in China (Berkeley, CA: University of California Press, 1993).

Swaine, Michael D. Chinese Military Modernization and Asian Security (Palo Alto, California: Institute for International Studies -Stanford University, 1998).

Swaine, Michael D. y Ashley J. Tellis Interpreting China's Grand Strategy – Past, Present and Future (Santa Monica, CA: Rand Corporation, 2000).

Thompson, William R. On Global War (Columbia, South Carolina: University of South Carolina Press, 1988).

Waldron, Arthur "The Art of Shi" en The New Republic (23 de junio de 1997).

Waltz, Kenneth Man, the State and War (New York, NY: Columbia University Press, 1954).

Waltz, Kenneth Theory of International Politics (Reading, Mass.: Addison-Wesley Publishing Co., 1979).

Whiting, Allen S "Forecasting Chinese Foreign Policy: IR Theory vs. the Fortune Cookie" en Robinson, Thomas y David Shambaugh (eds.) Chinese Foreign Policy: Theory and Practice (Oxford, UK: Oxford University Press, 1995).

Wight, Martin "Western Values in International Relations" en Herbert Butterfield y Martin Wight (eds.) Diplomatic Investigations (Cambridge: Harvard University Press, 1966).

Wolf, Charles Jr. y otros Long-Term Economic and Military Trends 1994-2015: The United States and Asia (Santa Monica, California: RAND Corporation, 1995).

Wolfers, Arnold "The Pole of Power and the Pole of Indifference" en Hans Morgenthau (ed.) International Politics and Foreign Policy (New York: The Free Press, 1968).